お客がお客を連れてくる！

# 「顧客満足経営」の極意

佐藤芳直

同文舘出版

コンサルティングの道を進むことになりました。私の教えを忠実に守り、これからも世のため人のために、コンサルティングという仕事を進めてくれるものと信じています。

船井総研での25年間、彼は多くのすばらしい経営者と出会いました。そして、その経営者やコンサルティング現場から多くのことを学んだことと思います。佐藤君が近年研究しているテーマは、「理念を実現する顧客満足の経営」です。

佐藤君がよく口にする言葉、「顧客満足は社員満足のためにある」――これからの経営のヒントはこの言葉に集約されていると思います。経営は、「顧客満足」と「社員満足」のどちらが欠けていても十分なものではありません。

この二つを両立させるためには、経営者の思いを現場に浸透させる仕組みとともに、経営者自身の揺るぎない哲学・志が必要です。そして、「顧客満足」と「社員満足」の両立は、21世紀型経営の真髄となることでしょう。

本書では、佐藤君が親しくしているクライアントの成功事例のほか、第一線で活躍するトップコンサルタントの視点から見た、これからの企業のあり方がわかりやすく書かれています。新しい時代へ向けての大いなる指針の書として、私も本書に注目しています。

本書が、読者の方々の仕事観・人生観・社会観にヒントを与える書となることを願ってやみません。

# はじめに

「ずっと、あなたのお客様でいたい」

お客様からそう言われ続けるのは、たいへんなことですが、ひとつの大きな理想でもあります。

一度関わりを持ったお客様と、生涯の関係であり続ける——本書では、このような「生涯顧客」の創り方を事例中心にまとめました。

多くの企業から教えられたことは、経営者の経営哲学・経営思想、そして経営理念こそが生涯顧客を創る、ということです。

自らの生活、ときには人生にとって、この企業は選択するに価するのか？　お客様はそんな厳しい視線で、企業と現場の社員を観ています。

そうです。見ているのではなく、観ているのです。外見だけの見せかけのサービス、言葉だけの品質追求に決してだまされることなく、企業の本質をしっかりと観ます。そして、企業の背骨である経営理念と現場の行動の一致を観て、信頼感を高めていくのです。

正しい経営にとっては、すばらしい時代と言えるのではないでしょうか？

「価格を売るな、商品を売るな、哲学を伝えよ」

この15年、ことあるごとに現場でお伝えしてきた言葉です。哲学への顧客の共感・共鳴こそがお客様を生み、生涯顧客へと導く原動力となるのです。

また、顧客のボランティア化、という現象も深く進行しています。企業哲学に共鳴・共感してくれたお客様は、自らが口コミを生み出すファンへと変わっていきます。ボランティア化というのは、そんな口コミ創造顧客のことをいいます。インターネットの時代、口コミの生まれ方も伝播力も大きく変わってきました。

生涯顧客を生み出すのは、経営者の哲学・思想。そしてお客様と、感動や共感を分かち合う現場社員です。

「人生のひとコマとして仕事があるのではなく、仕事の中にこそ人生があるのです」

現場社員、あるいは未来を模索する若者に、私が伝える言葉です。もちろん、人生は仕事だけによって評価されるわけではありません。

しかし、プロフェッショナルとして学び、お客様に喜んでいただくという、仕事の本質を極めようとする人間に生涯顧客はついて行きます。誰かに喜ばれ、頼りにされ、あなたがいるから私の人生はとても有意義だった、と多くのお客様からいわれる人生はとてもすばらしいものでしょう。

人間は、誰かに喜ばれるために生まれてきたのです。

本書は、師である船井幸雄先生の教えを、25年間のコンサルタント業に重ね合わせながら書いたものです。いまさらながら、筆を進めていて船井幸雄先生の予見力に胸ふるわせることが多くありました。深く感謝いたします。

また、同文舘出版の古市達彦氏には、親身になって執筆のアドバイス、制作をしていただきました。ありがとうございます。

S・Yワークスの福地千里さん、蜂谷真樹さん、深い心配りと尽力をありがとう。

新緑から萬緑へと、樹々が輝いています。滴る緑を見ると、大きな未来へと胸が弾みます。

本書を読まれた方々が、すてきな未来に思いを馳せることを祈念しつつ。

佐藤芳直

平成18年5月24日　大阪にて

## 第1章◉キーワードは「共創と共育」……037

## 第5章◉お客様満足を追求しよう……177

ブックデザイン・DTP／クリエイティブガレージ　ネイキッド

prologue

# “いい会社”とは何か?

# 経営不振の原因の80パーセントは内的要因にあり

「お客様満足は社員満足のためにある」

この言葉を聞いたとき、私は「なるほど」と思いました。「人間にとっての一番の悲劇は、誰からも必要とされなくなることだ」

マザー・テレサのこの言葉は、人間の精神の本質を語っています。

仕事とは何でしょう。私は、仕事とはお客様に喜んでいただくこと、といい続けています。もし業績が悪いとすれば、その理由はとても簡単です。

〝思っているほど、自分たちの仕事がお客様から喜ばれていない〟

それが、たったひとつの理由です。すべては、お客様に喜ばれているか？という一点で判断すればいいのです。

コンサルティングの現場で痛感することがあります。

「経営不振の原因の80パーセントは内的要因にある」ということです。

なかなか業績が上がらない場合、その原因を、

（1）内的要因……企業内部にある原因

(2) 外的要因……環境・時流・景気などの外部原因
この二つに分けて考えます。多くの経営者や幹部は、外的要因を主因に挙げることが多いようです。

「この時流ではなかなか厳しいですね。競合店も出てきたし、それに天気まで……」ときとして、外的要因のオンパレードに仰天させられることすらあります。しかし、コンサルティング現場の実感でいうと、経営不振の原因の80パーセントは内的要因にあります。

では、内的要因の主因は何でしょうか?

## 経営情熱とは何か

「経営情熱の欠如が内的要因の80パーセントを占めます」——これは、私がいつも現場でお伝えしていることです。

経営情熱とは、

「もっともっと、お客様に喜んでいただくために何をしようか?」と考え抜き、行動する情熱です。

顧問先の経営会議で、仮に営業実績の悪い店舗があるとします。その場で、「なぜ、君の店舗は営業実績が悪いんだ？　売上げをどう上げるか、考え方を発表しなさい」と発言する営業部長がいます。しかし、その発言自体が間違っているのです。

売上げをどう上げるか？　この言葉がすでに、顧客満足経営から軌道がズレているのです。

では、この営業部長はどう問いかけなければならないのでしょうか？

「どうすれば、もっとお客様が喜んでくださるか、案を出してみよう！」

どうすれば、もっとお客様が喜んでくれるか？　このことを考え続ける情熱。それが経営情熱なのです。

この二つの問いかけには、あまり差がないように感じられるかもしれません。しかし、実はまったく違うのです。

売上げを上げよ。この問いかけは、あくまでも企業発想で、お客様の視線には立っていません。

どうすれば目標を達成できるか？　そのために、どう買ってもらえるか？

このことを考えるのは、意外と楽しいことではありません。人間は、目標に縛られれば縛られるほど、仕事が面白くなくなるからです。

「どうすれば、お客様が喜んでくれるか？」

どうでしょうか？　この質問には胸がときめきませんか？　人間はどんな人でも、誰かに喜んでもらえることは大好きなのです。

誰かに喜んでもらうことこそ、仕事である。これは仕事の目的です。それは同時に、人間の本質、人生の目的でもあると思います。

目標に縛られすぎず、目的を追求することに重点を置く。人間は、その環境下でこそ、新たな発想も生まれ、活力を持って行動することができます。

お客様に喜んでいただくことだけを考える毎日——その毎日は、社員にとって間違いなく楽しい毎日です。

お客様満足の追求は社員満足のためにある、そう断言できるのはそんな理由からです。

## すべての社員を人生の勝利者にしたい

高知市にあるネッツトヨタ南国。３００店舗を超えるオールトヨタグループの中で、ダンドツの顧客満足度で、日本中から視察に来る人が絶えないモデル企業です。経営品質賞を挑戦2年目で受賞し、カーディーラー業界だけでなく、顧客満足経営の先端を走っています。

「26年前に会社を立ち上げたとき、どんな会社にしたいのか？　全社員にアンケートをとったんです」

三代目経営者である横田英毅社長は、多くの経営者が驚嘆する経営法に至った背景を、いつも淡々と語ってくれます。その経営法は、人間性を重視した本質的経営手法というべきものです。

どんな会社にしたいのか？　その質問に対して、高い給料の企業、休みの多い会社と答えた社員はほとんどいなかった、といいます。

「将来、どんな会社にしたいか？　と聞くと、お客様に喜ばれる会社、感謝される会社、成長が実感できる会社、自分の潜在能力を発揮できる会社、そのような答えがたくさん出ました」

多くの経営現場で、この一点を間違えるとたいへんなことになると教えられます。

人間は誰かに喜ばれ、必要とされる自分でありたい、と切実に願う存在です。同時にそれは、人として生まれ、生きるうえでの目的でもあります。

「私は、人間性の尊重を大きな方針として、経営をすべきだと考えました。誰かに喜ばれ、そして成長を実感できる企業でありたいとの思い、それが人間性の根本です」

横田社長に経営方針をお聞きした際、こんな方針を聞いてとても驚きました。

「すべての社員を人生の勝利者にしたい」

というのです。人間は各々の仕事に対しての適合性があります。ですから、昇格昇進の差も当然ついてしまいます。横田社長の考える人生の勝利者とは、昇格昇進や収入という次元よりもはるかに高い次元のものでした。

「この会社にいたから自分は一番成長できた、と社員が定年を迎えたときに思えたら、それこそが人生の勝利者だと思うのです」

## 仕事は自らの成長を実感する場

大学の経済学の授業でのことです。今から30年前は、まだマルクス経済学が幅をきかせていた時代です。その講義でこんな言葉を聞きました。

「労働とは賃金との等価交換である」

しかし、資本家は等価の賃金を支払わずに搾取し、そこに資本の蓄積が可能となる余地ができる。たしか、そんな説明が続きました。

労働に、もし賃金との等価交換という意味しかないなら、人生は何と味気ないものだろう、と学生ながらに思いました。労働は、決して賃金との等価交換ではありません。賃金も大切です。しかしそれ以上に、労働によって自らの成長を実感することこそが労働の目的ではないでしょうか。

19歳の春、私はそう思いました。そして、経営コンサルタントという職に就いて知ったことがあります。

労働とは、自ら時間を仕事に投資してお客様に喜んでもらう行為です。その中で、信用、技術、知識、人脈が自己の中に蓄積されていきます。その人間のブランド価値といってもいいでしょう。

「あなたがいたから、この店を選んだのよ」、「あなたに会いに来たわ！」

そういわれたとしたら、そのお客様は、あなたをひとつのブランドとして認識してくれた、ということです。

仕事の目的とはそこにあります。また同時に、生きる目的も。人間として成長するとは、結果として、そんなお客様を生み出すプロセスである、と思います。

「人生のひとコマとして仕事があるのではない。仕事の中にこそ人生があるのだよ」

私は、若い人たちにこう語ります。仕事の中にこそ人生があると聞くと、仕事しかない高度成長期の猛烈サラリーマンを連想してしまう人もいるでしょう。

しかし、決してそのような意味ではありません。自らの成長を実感する場として仕事があるのだ、ということなのです。そして経営者は、その仕事の現場が、社員を日々成長させる場になっているかどうか、を検証していかなければなりません。

## 経営理念の四つの要素

その大きな憲法として、企業理念があります。自らの経営の目的を定めたものが企業理念です。

「経営において一番大切なことは、経営理念の浸透にあります。明確に打ち出すことは簡単ですが、浸透はむずかしい」

どんな企業も、経営理念には四つの要素があります。

①顧客満足の実践

②社員幸福の実現
③高品質への挑戦
④地域・国家への貢献

この四項目を組み合わせて、経営理念がつくられるケースが多いのですが、江戸時代の商家の家訓から、それは連綿と現在に受け継がれています。

三河商人の『売り手よし、買い手よし、世間よし』という哲学や近江商人訓のような思想を守り抜いて、企業は存続してきました。そこから外れてしまう企業の寿命は短い。それは歴史が証明していることです。

事業とは、お客様に喜んでいただくことで、その実践と実感の中に社員の喜びがあります。これは、企業経営の目的です。しかし、絶えることのない企業不祥事を見るたびに、経営の目的と収益という目標を混同し、目標中心主義に陥る企業の多さに驚かされます。どんなときも目的を見据えて、結果としての目標を検証するのです。しかし人間は、つい目に見えるものに引きずられるものです。

経営において、売上げや利益を考えずに永続できるはずはない。しかしそれは、経営目的を追求する結果にすぎないことを忘れてはならないのです。

そして今の時代、お客様は企業の経営目的追求の姿を見て、その企業のファンになるのです。このことを決して忘れてはなりません。

## ネッツトヨタ南国の「価値前提という発想」

ネッツトヨタ南国は、高知全県を2店のショールームでカバーし、25億円以上の売上げをあげています。購入時顧客満足率は71パーセント。これは、オールトヨタグループでダントツの顧客満足率です。

そして、何より驚くべきことは3年後満足率です。つまり、購入後の日常メンテナンスの満足率ですが、何と購入時点満足率よりも高くなっているのです。この事例も、オールトヨタグループで唯一のケースです。

ネッツトヨタ南国のショールーム、バックヤードを訪ねて、ひとつ奇異に感じることがあります。それは、営業成績のグラフがないことです。

各自の目標に対しての達成度を表示する相対的なグラフはありますが、絶対数を競わせる棒グラフはどこにもありません。

それは、自らの成長を楽しく実践することが目的で、他人と競争して仲間をライバルに

ネッツトヨタ南国ショールーム

する手法は正しくない、と考えるからです。

「競争を導入すると、心の中で他人の失敗を期待するようになります。それでは、本当のチームワークは発揮できなくなります」

そんな理想を追求して、数字は実現できるのか？　多くの方から、そうたずねられます。

しかし、ネッツトヨタ南国という企業が理想的経営を進め、成果を最大にしているという事実が、21世紀の大きな指針を示しています。

さて、その経営の本質を突きつめていくと、価値前提という発想に行き着きます。

「今すぐ車がほしいからカタログを、という電話があったとします。その一方で、バッテリーがダメになったので助けてほしいという電話がかかってきた。どちらに向かうのが正しいか」

ネッツトヨタ南国の社員は、誰一人として迷うことなく、困っているお客様を優先する、と横田社長は笑顔で断言します。なぜ、そんな企業文化を創り上げることができたのか?

〝自分たちが売っているものは車ではない〟、という考えが浸透しているからだといいます。自分たちは、車によってもたらされる〝価値〟を売っている、という基準です。

「自分たちが車を売っていると思うと、売上げや利益を考える。そうではなく、乗っている方が、車のある豊かな生活を実現する。その車の持っている価値を売っているのです」

そう考えると、今のようなケースでも、迷わずにやるべきことができるのです。

自分たちは、どんな価値を売っているのか? たしかにこの発想は、日々の現場で忘れられがちです。

「価値前提という発想」

この発想を全社員が共有できていることが、高い顧客満足と占有率を実現している核心である、と思います。

「そのようなとき上司が、売上げが大切だ、と言ってしまうと、仕事の目的が目標によって潰されてしまいますから、この一点をとことん大切にしています」

日々の活動の中で、自然に経営理念が浸透していく現場がそこに生まれます。

「全体最適、部分最適という言葉があります。全体最適は、仲間・全社という横に広がる部分と、未来に向かって広がっていくという両方の要素から考えなければなりません」

この瞬間に優先するべきことは何か？　その基準が示されているのが理念です。ところが、大憲法ともいうべき理念ですら、目先の効率、業績にとらわれるために無視されてしまうことがあります。

〝たとえ血を流してでも、自分たちが守り、追求すべき価値を示したものが理念である〟

これは私が、ことあるごとにコンサルティング現場でお伝えしている点です。

その理念を、時間軸（いつでも）、空間軸（どこでも、誰でも）で一貫して守り続ける先にブランドが生まれます。

## 訪問販売を止めて、ひとつのショールームだけで売る

カーディーラーの業界では、CS（顧客満足）追求は業績につながらないという指摘が、90年代まであったそうです。およそ8～9年の買い換えサイクルの中で、どれほどお客様

のためにCSを徹底しても、いざ買い換えのときにほしい車がないと他社に流れてしまうからです。

その確率が30パーセント程度は存在するといいます。とすると、ほしい車を求めて来店する顧客に徹底的にサービスをすればよい、と考える流れが生まれてきます。

「しかし、CS推進はまず企業の利益率を決定づけます。そして何より、社員がイキイキ働くようになります」

〝たとえ高くても、たとえ遠くてもあなたの会社を選択したい〟

そう思ってくれる顧客を創ることこそが、経営だと思います。

ネッツトヨタ南国は25年以上、広い高知県全域をたったひとつのショールームでカバーしてきました。しかも、訪問販売はいっさいせずにです。

「自分を犠牲にして、苦しい思いをしてがんばった結果が成果だと考えがちです。それよりも、仕事が楽しくてやりがいがあるやり方で成果が上がったほうがよい」

訪問販売は、されるお客様も、訪問する社員にしても心楽しいものではありません。1日に2～300件訪問しても、耳を傾けてくれるのは1日せいぜい数件。

とすると、1日中社員はお客様に喜ばれない不毛な行動を繰り返していることになります。もちろん、ほとんどの訪問先からの不興も買いながら……。

であるなら、訪問販売は止めたほうがよい。ショールームに来ていただく目的来店性を高めたほうが社員もうれしいし、顧客にとってもうれしい。

「仕事のうえで大切なことは、どちらを選択したほうが楽しくてうれしいか？　ということです」

もちろん、その楽しさやうれしさは、お客様に喜んでいただくことが大前提となります。人間は、お客様に喜んでいただくことを喜びにする生き物だからです。

## 〝いい会社〟を創りたい

横田社長はあるとき、リクルートブックを見ていて重要な発見をしました。

「どんな社員も、この仕事を選んでよかったと思う瞬間は、お客様から感謝の声を聞いたときなのです」

先輩が後輩に語る、この仕事を選んでよかったと思った瞬間の記述です。ほとんどすべての先輩の声は、その一点に集中していたのです。

「そうすると、社員の幸せ、仕事へのやりがいを持ってもらうには、朝から晩までお客様満足を追求すればいいわけです」

そうすれば、感謝の声がどんどん聞こえてきて自分自身のやりがいにつながり、いい人材も入社して来る、いい会社になるわけです。

その結果、売上げも上がってくる。

「少し遠回りですが、CSを徹底的に追求したらES（従業員満足）を上げることができ、ESを上げられたらいい会社になり、その結果、売上げが上がるようになる。そう考えました」

どんな企業をめざすのか? あらゆるコンサルティング現場で、まず最初に投げかける質問です。

規模や業績日本一をめざす、地域一をめざすという選択肢を掲げる方もまだ多いでしょう。その一方で、〝いい会社を創りたい〟、そう考える方も増えてきました。しかし、ディーラー制度が中核の自動車販売業界では、量と規模での日本一を高知県でめざすことは不可能です。

スタート時点から、横田社長は〝いい会社〟を経営目的の第一に置いていたわけです。

「われわれの事業の目的は何か? 何を達成するために集まっているのか?」

この問いかけが、どれだけ真剣になされたかは、企業経営においてとても重要です。同時に、経営トップから現場第一線に至るまで、一貫してその答えを共有していることも成長の不可欠要素です。

## 価値観を共有する集団

いい会社を創ろうとしたとき、何から手をつけたらいいのか。社員教育・評価制度……当然どれも大切なことですが、一番の川上は採用にある、と横田社長は考えました。

〝価値観が異なる社員を採用し、採用後に価値観を修正させようと考えるのは、企業の傲慢である〟

この言葉は、アメリカ東海岸ニューヨークエリアを中心に40店舗の高級スーパーマーケットを展開するウェッグマンで聞かされたものです。ウェッグマンは非上場企業ですが、全米でもっとも働きたい会社№1に選ばれ続けています。そのウェッグマンの人事制度の基準は、

1　社内昇進制度

米国の高級スーパー・ウェッグマン外観

2　終身雇用
3　やりたい仕事分野への自由な挑戦

の3点です。日本で語られるアメリカ企業の姿とは大きく異なります。

大量採用をし、優秀な人間が少し残ればよいという発想もあります。しかし、それではチームワーク、生きがいをもとに、ともにがんばる集団になれるはずがありません。どんな経営でも、価値観を全社員で共有し、人生において、各々が成長し合う実感をともにしたいものです。

価値観を共有する集団——理想でもあり、よい会社のすべての差異であります。

その一番の入口である採用。ネッツトヨタ南国の採用は、日本中のあらゆる企業の中でももっとも異色の採用風景です。

「わが社はどんな会社か？　それを徹底的に見てもらいます。働きたい！　という学生さんには、よその会社と何が違うのかを聞きます。答えられなければ、他社に行ってもらい、そのうえで違いを答えてもらいます」

学生との面談は、最低でも30時間にもなります。しかも、面接担当者がいるわけではありません。入れ替わり立ち替わり社員がやって来て、ショールームで雑談を繰り返すのです。

「何のために仕事をするのか？」――そのような質問が繰り返し問いかけられます。もちろん、学生がすぐに答えられる質問ではありません。答えられない学生に、こうだよと教えることはしません。

「また、今度来るまでに考えてきてね」と帰してしまうのです。その繰り返しの中で、徐々に学生は自分の答えに近づいていきます。

## 10年後を見据えて採用する

「どれだけ知識があるかには興味はありません。気づく力、考える力を重要視しています。人間性や、その人の持っている価値観を引き出したいのです」

お客様のニーズは多様化しています。とくに自動車販売は、マニュアル的販売の対極にあるビジネスです。車を選択する動機、生活スタイル、家族構成……。2人として同じニーズのお客様はいません。

臨機応変こそが、最良の行動を生み出す源なのです。だからこそ、自分で考えて答えを出せない人間は向かない、といえます。採用試験の段階から、そういった価値観を持っているかを確認していくのです。

「上にいる人が考える人や気づく人で、第一線の人たちは上からの指示で動くというパラダイムがあります。そんな組織で10年経ったとき、指示だけで動いていた人たちが自分から気づいて動くようにはならないと思います」

10年後を見据えて発想する。そこに、横田社長の真骨頂を見る思いがします。

必ず、10年・20年後は来る。だから、いつでも10年・20年後に対応できる体制が大切なのだ、と横田社長は語ります。

「夢は、理想の会社をつくることです。だから、社員一人ひとりも理想的な人材をめざしてほしいのです。最終的には、全社員が朝から晩までお客様満足につながる仕事をしてほしい。ほかのことはしなくていい会社にしたい」

成功する人間は、常に高い理想を描ける人です。理想にも高い理想と低い理想がありま す。どれだけ高い理想を思い描けるかによって、未来は決まるといっていいでしょう。

高い理想をめざすと、現状との比較に落ち込んだり、絶望する日もあります。しかし高い理想から現状を引くと、そこにあるのは決して絶望ではないのです。

努力目標――。それだけがそこにあるのです。低い理想に終始すると、現状との比較でも自己満足という怖い現状がやって来ます。

高い理想をめざしている経営が、理想を実現できるのです。

# 第1章

# キーワードは「共創と共育」

【益田ドライビングスクール】

# 下足箱と朗唱

日本人として、必ず見ておきたい風景があります。

それは、萩市にある明倫小学校。もともと、長州藩の藩校だった明倫館の敷地跡に建ち、藩校時代の遺構も数多く残っています。

見るべきものは、その遺構ではありません。もちろん、建造以来71年が経ち、懐かしさと同時に、計り知れない威厳を感じさせる歴史的建造物の校舎はすばらしいものです。モノには佇まいが大切なのだと教えられます。

しかし、それ以上に心に焼きつく光景があります。

〝下足箱と朗唱〟

この二つです。明倫小学校では、毎朝各クラスで吉田松陰の言葉を当番に続けて全員で朗唱しているのです。

「凡そ生れて人たらば宜しく禽獣に異なる所以を知るべし」

「志を立ててもって万事の源となす

書を読みてもって聖賢の訓をかんがう」

明倫小学校・朝礼の様子

明倫小学校・下足箱

教室には松陰の言葉が掲げられていて、日常の生活でそれらの言葉に触れ続けています。小学校1年生の子供たちが朗唱をする光景は、可愛らしくもあり感動的ですらあります。

「靴を揃えることは、自らの生活の基盤だと教えています。下足箱を見てみましょうか」

4月に明倫小学校を訪ねたとき、吉賀校長に誘われて下足箱を見学しました。すれ違う子供たちは、全員制服をきちんと着て、みんな気持ちのよい挨拶をしてくれます。

廊下を雑巾がけしている子供たちは、膝をしっかりと床に落とし、力を込めて磨いています。すでに70年経過しているこの小学校は、隅々まで磨き込まれています。

下足箱の前に立って、しばらく身動きができませんでした。

小学校3年生の下足箱。すべての靴は、かかとを見せて各々のブースに、直角・平行・並列に、少しの乱れもなく並べられています。6年生、5年生、すべて同じです。まるで奇跡のような光景です。

「少し自信がありませんが、1年生の下足箱も見てみましょうか」

入学して、まだ2週間ほどの1年生の下足箱がどんな状況か？　私もたいへん興味がありました。校長の少し自信なさそうな言葉とは裏腹に、表情には少しの不安も見られません。

それは見事なものでした。上級生と同じように、入学2週間の1年生の下足箱も、直角・平行・並列で、少しの乱れもありませんでした。

「明窓浄机」という言葉があります。学びのはじまりは、理想的環境をつくることから、という意味です。

企業に課題がある場合、それは、システムや仕組みから発生する課題ではありません。多くの場合、モラルから生まれてきます。

教育における問題も、やはり同じことがいえます。モラル・躾、言葉を進めると、あるべき理想を教えることから、教育ははじまるのです。

「明倫小学校に入りたくて、学区内に引っ越してくる家族が年々増えているように思います」

市役所の職員の方がそう語ってくれました。それもよく理解できる、と明倫小学校からの帰途に強く思いました。

## 商品で〝自分らしさ〟を主張する時代へ

大衆と呼べる顧客は、今はどこにも存在していません。個性化とか個衆化の時代といわれますが、83年頃から、日本で国民商品と呼ばれていた商品は、急速にその輝きを失いました。

サントリー・オールド、ハウス・バーモントカレー、キリン・ラガービール、デサント・マンシングウェア。

もちろん、未だに大きなシェアを誇る商品ばかりですが、83〜85年から大きな変動の中に入り、ダントツのシェアを取れなくなったのです。その理由はひとつです。

「多くの人々が持つ商品とは違う商品で、自分らしさを主張したい」

そんな思いが、1945年からの戦後40年で飽和したのです。

船井幸雄先生はその当時、

「どこにでもあるモノは、程度の悪いモノだと顧客が思いはじめた」とも言っていました。それまでの広告戦略にもとづいた、大量生産一定規格の産業構造が大きく変身したのです。それから20年が経ちます。

## 一人ひとりのニーズをとらえて、顧客満足度を上げる経営へ

多くの経営者が、顧客満足経営へと転換した20年でした。客志向経営という言葉もよく耳にします。

客志向とは、

「どんなときも、企業側の都合ではなく顧客の都合を優先する。それが客志向です」

私は、そうお伝えしています。

企業のさまざまなコストの中で、もっとも効率が悪く、かつ大きなコストは新規顧客開拓コストです。ですから、90年以降の低成長が続く中で、効率経営をめざすためにも、

〝既存顧客を、決して失うことのない経営〟を志向する潮流が強くなったのです。

顧客志向、あるいは顧客満足経営を宣言する企業が多いのも、そのような時流からはじまったといっていいでしょう。しかし本当の顧客満足経営は、時流や効率経営の方法論として取り込み、実現されるものではありません。

企業の文化風土として、

〝お客様に喜んでいただくことこそ、自分たちの仕事である〟

と根づいてこそ、可能になります。

そして、社員一人ひとりの生きるモットーや人生の目的が、

〝お客様に喜んでいただくことこそが生きがいである〟

と思える集団でなければ、現場での具体化は不可能です。心の伴わない、カタチだけのサービスやマニュアルサービスでは、お客様の心を動かすことなどできない時代だからです。

さらに、一人ひとりの価値観やニーズは、それこそ千差万別です。お客様満足とか客志向経営のために、いかに個別対応ができるか？　その臨機応変さがお客様満足を決定づけます。

ましてや、日本のお客様は世界で一番、心のサービスを求めます。単に安いという理由だけでは、お客様を引きつけ続けることは不可能です。

## 安さはサービス劣化の言い訳にはならない

世界第1位の小売業ウォルマートは、4年を費やしても西友の活性化に苦労しています。また、世界第2位の小売業カルフールは、わずか4年で日本市場からの撤退を余儀なくされました。決して、海外企業に対する障壁から、世界1・2位の企業が日本市場で優位に立てなかったわけではありません。

「安いのだからこれぐらいはいいだろう」と、安さを理由にサービス劣化に妥協する姿勢には、長期的支持が集まらなかったのです。

価格破壊という、50年近く昔の言葉が再度もてはやされた90年代後半。ディスカウント業態を指向する方々に、私はよくこうお伝えしました。

「サービス劣化を、安いからといって容認する顧客は１人もいません。安さはサービスや品質劣化の言い訳にはならないのです」

とくにこれからの時代、お客様が求めるものは〝知性〟です。

最大のキーワードは、〝知性の時代＝知り、学び、喜ぶ時代〟なのです。

その企業を選択することによって、その分野における自分自身の知識が増える、誰かに語れる教養が身につくことに喜びを感じます。その商品の奥にある情報、こだわり、新しい利用法や調理法、歴史や文化的背景などを知りたいのです。

単なる消費から知的消費へ、と顧客の嗜好性は大きく変化しています。

ブランド品でも、そのブランドを身につけていることで裕福に見えるより、知的に見えるブランドへ、と90年代後半から選択肢は変わっているように感じます。

成長したいという欲求が、あらゆる世代に拡がっているのです。とすると、知的欲求の水準が異なるお客様に対応できるのは、このような思いを持った社員集団です。

〝お客様に、この業種の、この商品のすばらしさを伝えたい。お客様の生活の成長に貢献したい。そのために、自分たちも仕事の能力を成長させたい〟

そんな強い思いです。

## 理想のお客様像を描こう

共育と共創――こんなすてきな言葉を掲げて、全国に口コミの輪を広げている自動車教習所があります。

島根県益田市。人口5万人の都市にあって、毎年6000人以上の卒業生を輩出する「益田ドライビングスクール」がそれです。

大量消費大量生産の時代。その頃は、〝最大公約数的お客様像〟というものが、根本にありました。「平均的顧客像」という考え方です。

そんな時代は、すべてのお客様の満足を求めてという発想を、平均的お客様に発信すればよかったのです。

しかし、今は違います。平均的お客様など、どこにも存在しません。だからこそ思うのです。

「私たちは、こんなお客様にこんな満足を提供したい。私たちが大切にしたいお客様はこんな方々です！」

そう宣言する時代なのだと。

理想的お客様像を描いてみましょう。言葉を換えれば、自分たちが、人生を賭けて仕事を深め、仕事に打ち込み、幸福を分かち合いたいお客様です。

愛すべきお客様像です。

その姿をしっかりと描かないと、自分たちが提供すべき「顧客満足」も見えてこないはずです。

すべてのお客様を愛することは、とても不可能な時代です。繰り返しますが、平均的お客様や平均的お客様満足などはどこにも存在しないのです。

「自分たちは、こんなお客様に対してこんな貢献をして、徹底的に満足していただきたい」

そう考えなければ、お客様満足経営はスタートしないのです。

## 〝絶対的非代替の存在〟をめざす

「まず旗を立てましょう。旗とは、
一、理想のお客様像
二、提供する満足（価値）
です。一度立てたら、非妥協で進むのです」

私が日々、お伝えし続けている言葉です。

その言葉を強く教えてくれたのが、益田ドライビングスクール。通称、ＭＤＳです。

「たとえ高くても、たとえ遠くても、あなたの会社を選択したい！」

そういってくれるお客様を創ることが、経営現場の一番の仕事だと思います。

お客様満足経営の目的もそこにあります。

万一、あなたの会社や店舗が潰れたとき、泣いてくれるお客様ははたして何人いるでしょうか？

「あそこが潰れた!?……仕方がないな。もう1キロ向こうにも同じような店舗があったな……」

お客様があなたの会社に対して、その程度の思い入れしかなければ未来は暗い、といっていいでしょう。

少々むずかしい言葉ですが、

〝絶対的非代替の存在〟をめざそう

といい続けています。

これは、「ほかに替わりようがない存在」という意味です。

そのためには、お客様に提供する価値・貢献点を、どこにもない独自のものにまで高めていくのです。これを、〝独自貢献点〟と呼んでいます。企業の経営とは、独自貢献点を磨き続け、どこにもない貢献点にまで高めて、お客様にとって絶対的非代替の存在になることをめざすのです。

ＭＤＳは、まさにそんな存在です。

## 口コミ紹介比率60パーセントの自動車教習所

一般的にいって自動車教習所は、できれば二度と行きたくない学校のひとつではないでしょうか？　あまりよい思い出は少ないと思います。

ところが、ＭＤＳの卒業生は普通免許を取ると、今度は自動二輪を取りにＭＤＳにやって来ます。自分がＭＤＳで免許を取った経験を周囲に語り、自分の弟や後輩にＭＤＳを勧めるのです。

ＭＤＳは、首都圏や近畿圏からはるかに遠い益田市にあり、日本で最初に合宿制の免許制度を取り入れました。合宿制とはいえ、辺境（？）益田の地です。

にもかかわらず、毎年６０００人が卒業していきます。これは、全国でベスト10に入る数値です。教習生は関東16パーセント、関西23パーセント、中国四国49パーセント。県内はわずか3パーセントにしか過ぎません。

まさに日本中から生徒が集まってきます。そして、合宿制教習所としては驚異の比率ですが、〝口コミ紹介比率は60パーセント〟にまで達しているのです。

現在の日本で見るべき風景があると思います。冒頭の明倫小学校もそうですが、ＭＤＳの合宿生たちが卒業検定を取り、各地に帰っていく光景もそのひとつです。

午後、全国各地へ帰る教習生を石見空港・益田駅へと送るバスが教習所を出発します。蛍の光が流れる中、去る教習生（ＭＤＳではゲストと呼ぶ）と残るゲストが、抱き合って名残を惜しんでいます。泣いているゲストたち。

茶髪・ピアス……。そんな若者たちが心から涙を流しながら抱き合う光景には、思わず涙を誘われます。そしていよいよバスの出発です。

「先生!! また来るよ! ありがとう!」

「みんな! また会おうな! がんばれよ!」

バスに乗ったゲストたちは、窓から身を乗り出して泣きながら手を振り続けます。

バスが教習所を一周して教習所を去っていきます。インストラクター、そしてスタッフも、バスの姿が見えなくなるまで手を振って見送り続けています。

〝今どきの若者は……〟

よく聞くセリフです。MDSに来た当初、彼らの姿や素振りは、どこにでもいる普通の今どきの若者です。

しかし、2週間の合宿期間で若者たちは劇的に変わります。

〝MDSマジック〟と言われるほど変わってMDSの大ファンになり、周囲の人々にその体験を語り続け、そして、またMDSに戻って来るのです。

## 「必ず挨拶をする」というルール

〝Mランドのルールはただひとつ。挨拶をすることです！〟

20万㎡の敷地に入って本館に向かうと、この文字が目に入ってきます。教習車を洗車するゲスト。草取りをするゲストの姿も見かけます。

そして何より、気持ちよく挨拶をしてくれる若者たちに清々しい気分になります。

Mランドとは、MDSのことです。このMランドは1963年、小河二郎会長によって創業されました。

「島根県の若者が東京に出るとき、ひとつでも自信になるものがあれば、と思いました。当時、運転免許は特殊な技術のひとつでした」

MDS創業時の思いを、温厚な顔で小河会長が語るとき、会社は社会に貢献する器であるべきだと教えられます。

70年代も後半になると、益田も過疎化の波に呑まれます。そして1973年のオイルショックで、若者の県外流出に拍車がかかりました。

その中で益田の雇用を確保するためには、人口の多い都会からゲストを呼べばいい。そ

20万㎡の敷地を誇るMランド（MSD）

れが、合宿制教習所の発想につながったのです。

「日本中からこの益田まで来ていただくのですから、免許だけでなく、人生をよりよく生きる流儀を身につけていただければ……」。その思いが〝挨拶〟になりました」

ＭＤＳに入校するときに教えられるのが、〝挨拶をしよう〟というルールです。

教習時、誰かとすれ違うとき、必ず挨拶をしようというルールです。これは、ＭＤＳのひとつの「種」かもしれません。

「このＭランドでは、挨拶をする、それがたったひとつのルールです。免許を取るのと同時に、挨拶を覚えて帰ってください」

入校式ではそのように伝えられます。もちろん、急に挨拶がしっかりとできるようになるわけではありません。

16日の教習期間、ゲストは自らが本来持っている美しい心に気づく機会を次々に与えられます。

MDSの校舎のすぐ近くには、あいさつ通りと呼ばれる狭い小路があります。〝狭い小路はあいさつがよく似合います〟と書かれた看板が掲げられ、この狭い小路には挨拶の声が溢れます。

MDSの社員・教官（MDSではインストラクターという）は大きな声で、いつも丁寧に挨拶を交わします。そんな環境の中で、ゲストたちは日を追って挨拶の声が大きくなっていくのです。

## 人生の中でかけがえのない時間を提供したい

「免許はどこででも取れます。せっかくの機会、運転をするうえで大切な優しい心、思いやりの心も身につけて帰っていただきたいのです」

小河会長は、自動車教習所をサービス業と位置づけています。

教習生をゲストと呼び、教官をインストラクターと呼ぶのも、そうした思いからです。

「すべての産業はサービス業化する」

世界中の企業を視察する中で、90年代中頃に気づいたことです。ただモノを売るだけの企業、サービスを提供するだけの企業は、時代から取り残されていきます。

サービス業化とは、

「お客様一人ひとりの個別のニーズに対応する。そして、お客様と接する時間をお客様にとってかけがえのない、心に残る時間へと変えることでできる業」

となっていくことです。

免許という商品を売るだけではなく、MDSで過ごす16日間が、人生の中でかけがえのない大切な時間になる。そのために、MDSは何ができるのだろうか?

小河会長は、長い時間をかけてその一点を考えて実践し、今のMDSを創り上げたのです。

「人間には生まれつき〝良知〟が備わっています。本質的に持っているよい心です。その良知に気づいてもらいたい」

人間は誰かが困っていれば助けようとします。溺れる人を見れば、飛び込んで助けるし、重い荷物を抱えて長い階段に喘いでいる老人がいれば手助けしてあげたい。その思いは、誰かに教えられるものではなく、人間が生まれつき持っているものだ、と小河会長はいいます。

致良知。中国・明の時代の思想家・王陽明の言葉です。先天的に持っている道徳・心の先天的善悪の判断基準や心の動きが「良知」です。

これは、人が先天的に持っている智慧なのですが、日々の環境や自らの立場、人間関係の中で失ってしまうことが少なくないようです。

その良知に心の耳を傾けて実践しようとする。それが良知を致す、致良知です。MDSは、ゲストにとって良知に気づく場であってほしい、という思いが〝MDSマジック〟の根底にはあります。

## ボランティア活動で良知に気づかせる

トイレ掃除教室。18歳の若者が、自分の家のトイレ掃除をすることは、おそらく稀有なことでしょう。午前8時、MDSのトイレに行ってみてください。信じられないほどすばらしい光景が展開されているはずです。

トイレ掃除のボランティアに参加したゲストたちが、素手で熱心に便器を磨いています。それも、楽しそうに語り合いながら。このトイレ掃除ボランティアは、たいへんな人気なのです。滞在の間、何度も繰り返し参加するゲストが大勢います。

ＭＤＳには、数多くのボランティア活動が用意されています。トイレ掃除に次いで人気なのが、「洗車教室」です。教習車を自分たちで洗車するのです。その他、草むしりなどの校内掃除もあります。

これらのボランティア活動に円滑に参加してもらうための仕組みとして、〝Ｍマネー〟という制度があります。

ＭＤＳの校内では、現金を使うことができません。Ｍマネーという、Ｍランド内だけで使える通貨を利用します。単位は百円が「１ダラー」で、フロントで交換してくれます。

世界中で１２００以上の都市が、「地域通貨（エコマネー）」を発行しています。地域内のコミュニティ活動を促進する仕組みのひとつです。Ｍマネーは、Ｍランド地域でのエコマネーなのです。

入校時に、ゲストに対しては20ダラーがプレゼントされます。

校内のカフェや売店、さらに滞在中のイベントやツアーへの参加などに利用することができます。

人気の高いMSDのトイレ掃除

トイレ掃除に次ぐ人気の洗車教室

そしてこのMマネーは、ボランティア活動などに参加することで稼ぐこともできます。トイレ掃除、正式名称「トイレ掃除に学ぶ会」に参加すると、初回は15ダラーがもらえます。2回目以降は5ダラーです。「教習車の洗車に学ぶ会」は5ダラー。

また、茶道教室に参加すると初回2ダラーがもらえます。

「日本を代表する文化、日本の心に触れることで思いやりの心を感じてほしいからです」と小河会長はいいます。

もちろん、Mマネーを利用する機会もたくさんあります。エアロビクス4ダラー、美顔エステ5～30ダラー、温泉ツアー5ダラー、グルメツアー8ダラー等々。売店のお土産、MDSグッズ類も充実しています。

Mマネーは、良知に到る橋渡し役です。ゲストが自らの成長を望み、良知への扉を開けようとすることへの御礼だと小河会長はいいます。

このMマネーの流通は、2004年で40万ダラーを超えています。これだけの流通実績を上げている事例は、日本では珍しいと思います。MDSのサービスや商品販売での支出は相当なものです。

「それでいいのです。ゲストがすばらしい体験をして、自らの本来の美しい姿に気づいてくれるなら、安いものですよ」

小河会長の言葉には、自らの事業の本来的価値に対する揺るぎない確信が溢れています。

## 良知を磨く「サンキューレター」

その確信を示してくれるもののひとつが「サンキューレター」です。

他人に何かをしてもらったり、感謝を伝えたいことがあったとき、サンキューレターの用紙に記入するのです。このサンキューレターは、スタッフを通じて相手に届けられます。サンキューレターを投函すると1ダラー受け取ることができ、相手も同じく1ダラーがもらえます。

どんな些細なことでも感謝の思いを伝えたい、その思いを書くのです。多い月には５０００通を超えるサンキューレターが投函されます。

挨拶と同じくらい、「ありがとう」という言葉は人間の温かく美しい心を思い起こさせます。感謝し、感謝される。そのような交流の中で、良知はよりいっそう磨かれていくのです。

「いつも朝早くから、授業の合間をぬってボランティアに参加して、ＭＤＳ内をきれい

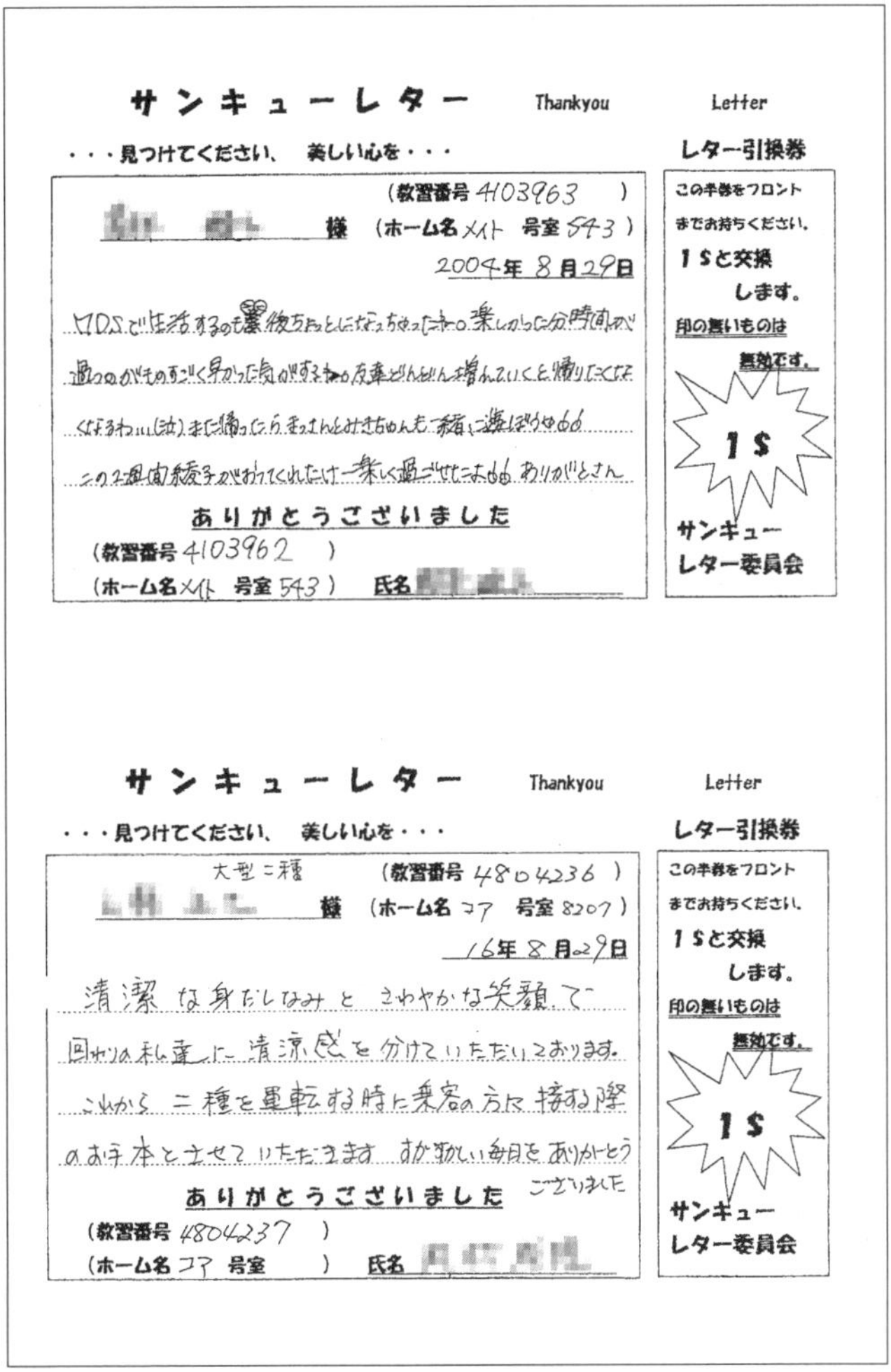

サンキューレター　Thankyou Letter

・・・見つけてください、美しい心を・・・

（教習番号 4103963 ）
[redacted] 様 （ホーム名 メイト 号室 543 ）
2004年 8月 29日

MDSで生活するのも最後ちょっとになっちゃったネ～。楽しかった分時間が過つのがものすごく早かった気がするね。友達どんどん増えていくと帰りたくなくなるわぁ(泣)。また帰ったら、まっさんとみさちゃんも一緒に遊ぼうね66 この2週間綾子がおってくれたけ楽しく過ごせたよ66 ありがとさん

ありがとうございました
（教習番号 4103962 ）
（ホーム名 メイト 号室 543 ） 氏名 [redacted]

レター引換券
この半券をフロントまでお持ちください。
1＄と交換します。
印の無いものは無効です。
1＄
サンキューレター委員会

サンキューレター　Thankyou Letter

・・・見つけてください、美しい心を・・・

大型二種　（教習番号 4804236 ）
[redacted] 様 （ホーム名 コア 号室 8207 ）
16年 8月 29日

清潔な身だしなみとさわやかな笑顔で周りの私達に清涼感を分けていただいております。これから二種を運転する時に乗客の方に接する際のお手本とさせていただきます すがすがしい毎日をありがとう

ありがとうございました ございました
（教習番号 4804237 ）
（ホーム名 コア 号室 ） 氏名 [redacted]

レター引換券
この半券をフロントまでお持ちください。
1＄と交換します。
印の無いものは無効です。
1＄
サンキューレター委員会

感謝の気持ちを伝える“サンキューレター”

にしてくださっているみなさん、本当にありがとうございます。トイレに入るとき、車に乗るとき、道を歩くとき……とてもいい気持ちです。

二段階に入り忙しくなりましたが、できるだけボランティアに参加したいと思っています」

これは、ゲストが掃除ボランティアの人たちに宛てたサンキューレターです。

「昨日、バイクの乗り降りの練習につき合ってくれてありがとう。あまりにもうれしくて涙が出ました」

これは、合宿のルームメイトに宛てたものです。

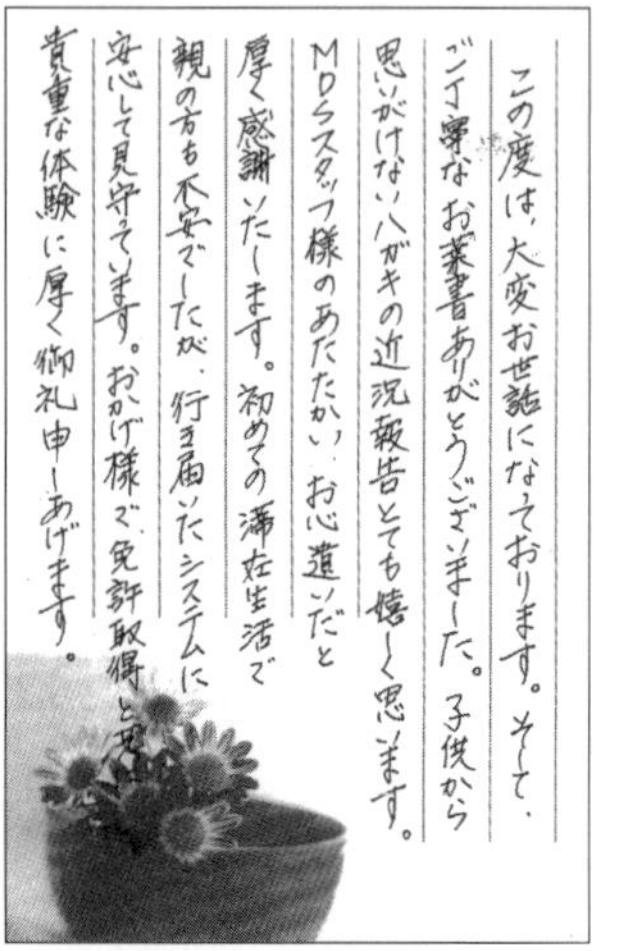
この度は、大変お世話になっております。そして、
ご丁寧なお葉書ありがとうございました。子供から
思いがけないハガキの近況報告とても嬉しく思います。
MDSスタッフ様のあたたかいお心遣いだと
厚く感謝いたします。初めての滞在生活で
親の方も不安でしたが、行き届いたシステムに
安心して見守っています。おかげ様で免許取得と
貴重な体験に厚く御礼申しあげます。

ゲストの家族から送られた
MDSスタッフへのハガキ

手紙を書くという習慣が、メールというツールのためにどんどん希薄になりつつあります。しかし、手間をかけて感謝を伝えることこそが、優しい心の入口だと教えられます。

そして、〝心の時代〟という言葉が、MDSというひとつの触媒を通してカタチになる瞬間を見せられるのが、

「家族へのハガキ」です。

ゲストは入校時、その場で〝家族へのハガキ〟を渡されます。

「無事に着いたよ。そのひと言でもいいから家族に書きましょう。そのひと言で親御さんも安心するし、うれしいものですよ」

そう言われて、照れながらもハガキを書くのです。ハガキを投函すると1ダラーがもらえます。

一方、ゲストが入校して数日後には、MDSから家族に宛ててハガキが送られます。

〝お子様からハガキが届くかと思いますが、ご家族からも励ましのハガキを送ってあげてください〟

という趣旨のハガキです。そのハガキと子供からのハガキに驚きつつも感激して、子供宛にハガキを書く家族も多いようです。

「おじいちゃん、おばあちゃんのおかげで教習所に行くことができ、9月15日に仮免許を取ることができました。今は卒業に向けて、教官と一緒に路上を走る毎日を送っています。益田市は、大阪市に比べて車や人が少ないのですが、初めて外で運転したときはとても怖かったです。（中略）免許が取れるように、しっかりがんばります。ありがとうございます」

## 資本主義から〝志本主義〟の時代に

免許を取るということは、人生の中では一過性のことです。もちろん、教習所での毎日も、いうならば人生の通過儀礼に過ぎません。

「より安く、より効率的に必要な免許が取れればよい。多くの18歳はそう考えるはずです。資本主義の時代が終わり、次はどんな時代になるか？　私は〝志本主義時代〟になると思うのです。いかがでしょうか？」

小河会長にそう問いかけられたとき、たしかに、そんな時代になればすばらしいと思いました。そして私の中で、〝志本主義〟という言葉は、そのときから熟成してきています。

「志とは思いやりの心、優しい心です。一人ひとりが誰かを思いやり、すべての存在に優しい心で向かい合うことができたら、すばらしい時代ですね」

小河会長の言葉は、いつもとても深く心に残ります。

ＭＤＳ・小河会長の志。それは、致良知という言葉にあります。人間が本来持っている姿を見つけてごらん。人生をすてきに生きるために、自分の優しさに気づけばいいんだよ。

そんな思いが、ＭＤＳのあらゆる場に息づいている、といつも思います。

そして、それがＭＤＳの旗です。

「旗を立てよ。そして一度立てた旗は磨き続け、決してどんなときも妥協することなく掲げ続けよ」

私は、若い経営者にいつもそう伝えています。

〝いろいろなことを強制する場のようにも思えますが……〟

そう伝えてくる経営者もいます。しかし今の時代、そしてこれからは「旗」が大切なのです。

## 「苦労という付加価値」を手に入れたい

モノはあらゆる場で溢れ、今の時代、手に入らないモノはありません。戦後、多くの先人がたゆまない努力をした結果、１９９３年、日本は１人当たりＧＤＰで世界一になりました。

「効率的なことが効果的である」

戦後、日本社会が総じて掲げてきたテーゼです。資源小国の日本は資源を輸入し、それを加工して輸出することで、経済的成長を遂げたのです。ですから効率性を重視し、よいモノを効率よくつくることが最大の効果を生む、その哲学は正しかったといえるでしょう。

しかし、今のお客様は効率的につくられた、ただのモノを求めることは少なくなりました。

現在は整理券方式に切り替わって、少し状況は変わりましたが、赤福の朔日餅の販売風景を見ていただくことで、そのことをご説明いたします。

毎月1日、伊勢神宮内宮の参道にある赤福本店では、朔日餅が発売されます。これは月替わりの餅菓子で、1707年以来、赤福餅単品で商いを続けてきた赤福にとって、画期的なことでもあります。

1977年、一販売員の提案でスタートしたこの朔日餅は、伊勢神宮の朔日詣りという風習とも相まって名物催事になりました。

2003年、1年の中でもっとも人気のある8月の朔日餅である「八朔餅」の販売風景を、十数人の経営者と見学に行きました。私自身、1994年以来、十年ぶりの八朔餅の販売風景でした。前日の昼に伊勢に入って行ってみると、すでに炎天下の下、20名余りの行列ができていました。

赤福朔日餅の風景（三重・伊勢市）

先頭の人に、いつから並んでいますか？とたずねて驚きました。

「7月22日から並んでいます」というのです。10日前からです。

１９９４年にも、４日前から一番乗りのための徹夜をしている人に驚嘆したものですが。

8月1日朝4時の開店時には、８００人以上の行列ができていました。

ところで、この赤福朔日餅は、事前に予約をすれば何箱でも買うことができます。また、名古屋や大阪の百貨店でも、予約をすれば間違いなく手に入れることができます。

このことを、10日前から行列し、午前4時に並んでいる数百人のお客様は知らないはずはありません。では、いったいなぜ並ぶのでしょうか?

「苦労という付加価値」

その一点を手に入れるために並ぶのです。早朝、いやその前日に並んだ人たちも、必ずその商品を相手に贈るときにいうはずです。

「これがあの赤福朔日餅です。八朔餅は一番の人気なんですよ。私なんて、数日前から徹夜しましてね! いゃあ、たいへんでした」

このひと言が、量り知れない付加価値になるのです。

もちろん、朔日餅はすばらしい一品です。そのおいしさ自体も付加価値です。

しかし、朔日餅というモノ以上に、苦労してあなたのために手に入れた、というコトのほうがより大きな付加価値となるのです。

〝モノからコトへ〟というキーワードの本質がそこにあります。

## モノを超えて〝心〟を伝えたい

コトは体験だったり、思い出だったり、手間であったりします。効率性とは、まったくの対極にあるといえるでしょう。

〝非効率の中にこそ効果がある〟

そんなテーゼが、時代の文脈の中に間違いなく現われてきています。

モノを超えて〝心〟を伝えたい。そんな思いが、極限までいった消費行動の中に現われているように思えます。とすると、心を分かち合える現場が、お客様にとって大切になるのです。

コト、つまり誰かに思いを馳せる、そのために手間をかけ、多少の苦労も厭わないお客様。その思いを受け止めてお客様と会話をし、より高い次元でお客様の思いを叶えて差し上げる。

そこには、間違いなくお客様の感動が生まれ、口コミが生まれます。

今の若者たちには、強い思いがあります。それは、

一、成長したい

二、挑戦したい

三、役に立ちたい

そんな思いです。

日本は、世界で初めて飢えることのない社会をつくり上げました。これは、アメリカで

も未だに実現できていないことです。

飢えない社会では、働く目的や労働観も変わってきます。

「なぜ働くのですか?」

もし20年前、30年前にそんな質問を受けたら、多くの人にとって答えはひとつだったことでしょう。

「家族を養うため。食べるために決まっているだろう」

しかし、今はどうでしょう。もちろん、生活のために働きます。しかしその切実さは、昔の比ではありません。ある意味で、働く目的自体が不明確になっているのです。

〝飢えることのない時代には、中高年の自殺が増えるのではないか?〟

故・司馬遼太郎氏は、90年代初頭にそう予想していましたが、そのような現実もたしかに起こっています。人間は、働く目的を自覚することなく人生を過ごすことはできないのです。

そんな中で今の若者は、〝自らの成長〟を仕事の目的としているように思えます。

なぜ、成長するのか? それは、〝生きた証として、誰かの役に立つため〟です。

ボランティア世代と呼ばれている80年代生まれの若者には、とくにそのような傾向が見られます。

誰かの役に立つ実感を求めているようにも感じます。福祉の道に進む若者が多いのもそのためでしょう。成長し、誰かの役に立つために、いろいろなことに挑戦したいのです。

## 自らが成長できることへの感動が口コミを生む

アメリカ・カルフォルニア州ナパは、食の街として知られています。昨年、そのナパにある、ＣＩＡという全米一の名門料理学校を訪ねたとき、数多くの日本人青年に出会いました。

スペイン・フランス国境にあるバスク地方。その山間の僻村に、〝オスタペ〟という、世界を代表する料理人アラン・デュカス氏が経営するオーベルジュがあります。世界中の人が憧れ、めざすこの地にも、やはり日本人青年がいました。

世界中どこに行っても、自らを高めて成長しようと挑戦する若者に出会います。

80年代までは、確固とした人生の道筋がありました。一流大学を出て、一流企業に入り、定年まで勤めて、あとは退職金と年金で悠悠自適。

しかし、今はそんな定型的な道はどこにもありません。道は、自分自身の力で切り拓いていかなければならない、と若者たちは知っています。

就職で人気のある企業は、「さまざまなことに挑戦ができ、誰かの役に立つという実感の中で成長できる会社」なのです。

そしてこの思いは、お客様が企業を選択し、商品を選ぶときにも十分に発揮されます。〝少しでも、顧客である自分が成長できる店舗や企業が楽しい〟のです。

MDSは、まさにお客様＝ゲストがさまざまなことに挑戦し、誰かの役に立ち、感謝し、感謝される楽しさを知り、成長できるステージなのです。そのことへの感動が口コミとなっていきます。

赤福朔日餅に徹夜で並ぶ人たちも、その苦労に挑戦し、贈る人に喜んでもらい、役に立つことを願っているのです。

## 「共創と共育」がお互いを磨き合う

MDSには、ナイスカードというものがあります。

教習生＝ゲストが、ここを改善したらいいのに、こうしてくれたらもっとうれしいと思ったことを書いて投函するのです。書いてくれたゲストにはMマネーを渡し、よい項目は早速実践していきます。

「共育と共創」

MDSは、単にお客様と企業という関係で成り立っている存在ではありません。お客様がMDSという場に参加して、社員とともに、よりすばらしいMDSを創り上げる。そして、さまざまな気づきの中で、MDSも社員もゲストも育っていくのです。

まさに、共創と共育です。

「私たちにとって、お客様は砥石です。より高い理想へと進んでいくための砥石だと思うのです。私たちもそれに応えて、ゲストに対する砥石でありたいと思います」

小河会長の言葉がよく理解できます。

志本主義の時代。それは、優しい心、思いやる心の中から、お客様と企業との関係を高めていくことをも指向しているのです。

「先生、また来るよ！」

涙ながらに叫んでMDSを去る卒業生は、本当にまた戻ってきます。

結婚する相手にMDSを見せたいとやって来る人。ご主人に、自分が変わったこの場を見てほしい、と連れてくる人。懐かしさのあまり、また訪れてくる人。そして年1回、益田市全市を巻き込んで実施される市民との交歓イベント、ＭＤＳ祭りの応援に駆けつける人々。

そこには、志本主義の姿があります。

利益的結合から同志的結合の時代に、間違いなく入っているのです。

## お客様満足経営は同志的結合からスタートする

本来、企業とお客様は利益で結びつきます。

あの店舗を選択したほうが安い、気に入った人がいる、サービスがいい、近所にある。そして社員も、給与が高い、体裁がいい、福利厚生がいいなどの利益で結びついてきました。それが利益的結合です。

〝同志的結合〟

それは、

「私はあの企業の考え方、哲学が好きだから選ぶのだ」

「あの店舗は思想がとても明確だし、現場に浸透していて気持ちがいいから選びたい」

そんな思いから結びつく関係です。同志的結合は、外的環境の変化で崩れることはありません。一方の利益的結合は、より利益性の強い競合が出現すれば崩れてしまいます。

お客様満足経営とは、そんな同志的結合をめざすことからスタートするのです。

## ナッシング・ノーを追求するべき顧客とは

アメリカ・フロリダ半島にあるディズニー大学。そこの授業を、数年に一度受けています。テーマは「CS=顧客満足」です。

一度、教官とこんなやり取りをしたことがあります。

「日本の経営は、無条件に顧客の意見を聞き過ぎる。それが、成長性や収益性を阻害している」

と担当教官がいったのです。私はすぐに反論しました。

「顧客の意見に対して、ナッシング・ノー（Nothing No!）で臨み、すべての要望を実現することこそ、CSではないのですか？」

そう質問したのです。すると即座に、「違う！」と断言されました。

「まず、自分たちが追求している価値をしっかりと知らせるべきだ。そして、その価値に共感してくれるお客様を明確にする。そのうえで、そのお客様に対してナッシング・ノーを追求すべきなのだ」

そして、こんな事例を挙げたのです。

もし、ディズニーランドに来たゲストが、「私はネズミが嫌いだ！ ミッキーマウスだなんて気味が悪い!!」といったら、日本人の経営者はどうするだろうか？

「そうでしたか。では、ミッキーマウスのいないコースをつくりましょう」といいかねない、ともいわれました。

これは、あまりに極端な例示だと思いました。しかし、思い当たる節もありました。そして、教官はいったのです。

「ディズニーランドは、ミッキーマウスと触れ合いたい。そう思って集まっていただく場所です。その価値を十分に知った方々だけが、私たちの愛すべきお客様なのですよ」

ディズニーランドに行くと、東京であれロスアンゼルスであれオーランドであれ、あまり奇抜な服装の人は見かけません。これは、ゲートでお客様のドレスチェックをするからだ、ともいわれました。

「価値を明確に打ち出す。そして、愛すべきお客様を十分に知る。そのうえで、お客様の要望すべてを叶えていく」」、そのように心の中で反芻したのでした。

## 自分たちのめざすべき価値を、まず決める

最大公約数的満足、つまり大多数の人たちが「まあ満足」と答えてくれる商品やサービスづくりを、日本企業はしてきました。繰り返しますが、最大公約数的満足も最大公約数的平均顧客も存在しないのです。

自分たちのめざすべき価値。お客様に、どんな貢献をしていくのか？

その一点をまず決めましょう。そして宣言するのです。

「そんなことをすると、反対というお客様は来ないのでは……？」

そんなことを口にする方もいます。

１パーセントの原則。これは、事例からお伝えしていることなのです。

１００人中60人が「まあよい」と答える商品より、１００人中１人が「熱烈に好き！」と答えてくれる商品のほうがヒット商品になります。

企業も同じです。恐れることなく、自らの旗を立てることです。

〝自分たちの貢献点は何か？〟

その一点を、全社員ととことん話し合って旗を立てるのです。

ＭＤＳの小河会長はいいます。

「自分たちがめざすべき理想を決めたら、絶えず磨き続ける。もうこれでよい、などということはあり得ないのです」

無上意。もうこれで十分などという妥協点は存在しない。常に上をめざし続ける。

〝ＭＡＫＥ　ＢＥＴＴＥＲ!!〟

もっとよくなれ！　私はこの言葉が大好きです。

自分の追求すべき価値や貢献点さえ決まれば、めざすべき商いも見えてきます。あるお客様に対して、どんな価値を提供するのか？　その旗を立てることから、お客様満足経営はスタートします。

お客様満足は、ただお客様の主張を聞くことではありません。自らのめざす理想を共有してこそ、そのご要望を真剣に叶えていく努力を全社員でできるのです。

そのキーワードは、

〝お客様の成長のお手伝い。その中で社員も成長していく。共創と共育〟

にあります。

第2章

# 同じ価値を共有できる集団をめざす

【ネッツトヨタ南国】

# 突発的事態に、お客様満足だけを考えて行動する

お客様満足を語るとき、リッツカールトンホテルやノードストローム百貨店の伝説的サービスが、事例としてよく取り上げられます。

マニュアル化しにくい突発的事態に対して、現場社員がどれだけ臨機応変に、お客様満足だけを考えて行動できるか？　そのレベルの高さとお客様絶対主義が、伝説のサービスとして語られるわけです。

私にもかつて、こんなことがありました。

98年、大雪の1月、富山県富山市で講演会がありました。大雪の続く毎日でしたが、それほど天気を気にかけてはいませんでした。

しかし、あまりの大雪に、主催者である生命保険会社から、ぜひ前日に富山に入ってほしいとの連絡が秘書にありました。しかし、スケジュールは目一杯です。とても、前日入りは不可能でした。とはいえ、講演会に穴を開けることはできません。天気図を見ても、大雪が北陸を襲うことはほぼ確実に思われました。

そこで、少しスケジュールを変更し、直江津まで入ることにしました。直江津から富山

までは、JRで2時間弱です。講演は午後3時からでしたから、どんな状況にでも対応できるはずでした。

翌朝はやはり大雪です。宿を朝8時に出て駅に向かうと、JRはかなり混乱していました。とりあえず、一番早く来た特急列車に乗ろうと考え、9時前、約1時間遅れの特急列車に乗りました。

「富山ですか？ 大丈夫ですよ！ 通常なら1時間半ほどですが、遅れていますから昼頃には富山に着くと思われます」

午後2時頃には着くかという問いかけに、車掌は笑顔で答えてくれました。そこで、安心して寝入ってしまいました。

目を覚ますと午前11時。列車は雪の駅に止まっています。駅名板を探すと〝糸魚川〟と読めました。

「運転停車です。先行の除雪車が少々遅れて走っていますが……。大丈夫です。ここから動き出せば半時間で富山です」

通りかかった車掌の言葉を信じて、また眠りに入ったのですが、1時間後も列車は糸魚川に止まったままでした。

午後1時前、車掌に降ろしてもらえないかと交渉しましたが、運転停車なので下車はできないといわれました。午後1時半、押し問答の末にようやく下車。成算があったわけではありませんが、タクシー乗り場に向かいました。

「3時までに会場ですか……。普通の日なら大丈夫ですが、今日は自信がありません。勘弁してください」

先頭のタクシードライバーは申し訳なさそうに頭を下げました。諦めかけたとき、後ろのタクシードライバーが近づいて来ました。

「どうかしましたか?」

「講演会の講師として、午後3時までに富山の会場に入りたいんだけど、むずかしいでしょうか?」

しばらく彼は考えていました。そして数秒後にいってくれたのです。

「わかりました。行ってみましょう。でも、間に合わなくても恨みっこなしですよ。がんばってみますから」

市内を走り北陸自動車道へ。除雪車が行ったばかりなのでしょう。予想外に調子よく走ることができました。

富山7㎞の標識まで、ようやく来ることができました。時間は午後2時15分。

「お客さん、間に合いそうですよ。よかった」

そうだね、ありがとうと答えた直後、そのドライバーが意外なことをいいました。

「お客さん、携帯電話で富山のタクシー会社に電話を入れてもらえませんか？」と。

自分も富山市内はくわしいつもりだが、大雪の中なので、予想もしないことがあるかもしれない。地元のドライバーなら私よりくわしいし、何かあっても対応可能だろうというのです。

「インターで待っているようにいってください。あと、5分強で着きますから」

なるほどと思い、アドバイスにしたがいました。インターを降りると、ちょうど富山のタクシーが止まるところでした。

「私が説明してきますから……」

糸魚川のタクシードライバーはそういうと、富山のタクシーに駆けよって話をしてくれました。

「間に合うそうですよ！　お気をつけて！」

彼は、その言葉で見送ってくれたのです。結局、会場には講演会開始5分前に到着することができました。500名の聴衆に迷惑をかけずにすんだのです。そのエピソードをある本に書いて、礼状と一緒にそのドライバーに送りました。

「ドライバーとして、当然のことをしただけです」

彼からは、そんな謙虚な返信をいただきました。

## 〝人間性〟から生まれるサービス

仕事とは、お客様に喜んでもらうことである。そう語り続けても、人間はつい売上げや利益を優先して考えてしまいます。通常のタクシードライバーなら、富山の会場まで送りたいと思うでしょう。3000円以上の売上げにはなるからです。

間に合うかどうか、というぎりぎりのタイミングです。多少遅れたとしても、私は何の不満も持ちません。彼は最善を尽くしてくれた、と判断したに違いありません。列車に乗り続けていれば、講演会場に辿り着くことはできなかったのですから。

しかし、このドライバーは考えられ得る最善の選択肢を、自分の売上げよりも優先してくれたのです。彼は、心の奥深いところで思ったのだと思います。

「私の仕事の目的は、このお客さんを確実に講演会に送り届けることだ」

仮にこの事例を聞いたとしたら、タクシー会社の幹部は何というでしょうか？

「もったいない。少しでも売上げのことを考えなさい。君が行っても間に合ったのではないか？」

決してそうはいわないはずです。そんな発言のある会社からは、このような対応は生まれないからです。

このような対応は、〝個別複合的サービス〟といいます。もうおわかりのように、このドライバーの行動はマニュアルから生まれたものではありません。

このドライバーの〝人間性〟そのものから生まれてきた、といっていいでしょう。人間性とは、自分の役割・仕事の目的を、求められるからではなく自分の意志で貫くことによって磨かれるものだと思います。

## マニュアル化が不可能なサービス

サービスには三つの段階がある、とネッツトヨタ南国の横田社長は指摘します。

①基礎的サービス、②保証的サービス、③個別複合的サービス、です。

基礎的サービスとは、マニュアルでつくられる基本的対応を指します。接客の基本、サービスの手順、は徹底的に教育し教えられるものです。これは、トレーニングによって完壁性を高めていきます。

保証的サービスとは、仕組みやシステムで提供するサービスです。ウォルマートが導入し、日本の小売サービス業も影響を受けた〝無制限返品制度〟はこの範疇に入ります。アフターフォローやメンテナンス対応なども同じで、企業が方針にしたがって仕組みにします。

さて、個別複合的サービスです。これはマニュアル化もシステム化も不可能です。糸魚川のタクシードライバーの対応を、マニュアルで定めることはできません。

〝大雪時、急ぎのお客様への対応〟とマニュアルで決めても、実行するかどうかは間違いなく、担当ドライバーの人間性に左右されるからです。

これは、エピソードとして現場社員に伝えることは可能です。しかし何よりも、〝仕事の目的〟という一点に共感してくれる人間でなければ、単なるいい話として聞き流されてしまうでしょう。

## 顧客満足は〝個別対応力〟で決まる

お客様満足を生み出すためには、基礎的サービスを徹底し、現場の先輩から後輩へと習慣として伝えることは基本中の基本です。また、メンテナンスやアフターフォローも、顧客満足の前提です。

しかし、〝ずっと、この企業のお客様でいたい！〟という思いは、個別複合的サービス力から生まれます。

一元的なサービスや、画一的対応でくれる顧客はごくわずかです。同時に、画一的対応でいいという選択には、価格が求められます。

顧客満足度の高さが利益率を決め、顧客継続年数を決めるといわれる由縁です。利益率、顧客継続年数、顧客満足率を決定づけるのは、個別複合的サービスによる高い次元での〝個別対応力〟なのです。そんな臨機応変な対応をすることに喜びを感じ、一つひとつの局面で考え、自分で決めて行動する社員をつくる。

価値観を共有する社員の採用にこそ、そのポイントはあると思います。そして、決して妥協しない変質しない価値観を、あらゆる現場で貫くことです。

「お客様に喜ばれることだけをしなさい、それこそが仕事である」

これは、ネッツトヨタ南国を貫く一体化された価値観なのです。

## 展示車をなくし、試乗車を増やす

「自ら考え発言し、行動し反省する。そのサイクルこそが人間性の発露であり、成長のパワーだと思います」

ネッツトヨタ南国のショールームは、広々として気持ちがいい。そして驚かされるのは、他社に先駆けて展示車をなくしたことです。

ニーズが多様化する中で、一部の展示車だけを並べていても、お客様の満足につながるわけではありません。車は体験してみて、初めて判断が可能になる商品だからです。

そこで、試乗車を増やして展示車をなくしたのです。しかも試乗には、本当に感心させられる仕掛けもあります。

それは、48時間の試乗車貸し出しです。条件は試乗後の感想文の提出ですが、この感想文には5000円が支払われます。もちろん感想文は、お客様の実感として宣伝に使われることになります。

そんなアイデアも、社内のプロジェクト会議で社員が提案して即実行されていくのです。

「こうしたら？」といってしまうことは、社員の考える力や自主性を奪うことになります。

ですから、あらゆることは社員が、上下の区別なくプロジェクト会議で発言して決まるのです」

いつも驚かされることは、どんなこともお客様の喜びにつながる、という大前提のもと、社員がすべてを決めていくことです。

## 教えないことが、考える習慣をつけさせる

プロジェクトチームは六〜八つ程度あります。プロジェクトチームには、全社員必ずどれかひとつに入ることになっていますが、他のチーム会議に参加することも自由です。そして、このプロジェクトチーム会議では、多数決で結論を決めることはありません。全員がとことん話し合って納得し、最終的に意見がまとまるまで続けられるのです。

「多数決も上意下達も、本当に全員が納得することはありません。そこに弊害が生まれます。それに社員一人ひとりが考える習慣をつけることが、よい会社の条件ですからね」

そのためには教えないことだ、とも横田社長はいいます。何かおかしいなと思ったら、「何で、そう思うの？」とだけ聞くのです。

プロジェクトチームも、遠回りのようにも思えます。しかし横田社長の考え方の中核は、よい会社をつくることにあります。その中で、すべての社員が人生の勝利者になることです。

今の時代、万人に通用するノウハウは存在しないのかもしれません。すべてのお客様に対して、マニュアルを定めて対応しようとするビジネスが厳しくなっていることと同じです。そんな時代には、ノウハウよりも〝ｋｎｏｗ ｗｈｙ〟が大切になってきます。お客様の要望に、今自分がどう対応するのがベストか、を考える力です。

ひとつの事象に対して、なぜ？と自分自身で問いかけていく力といっていいでしょう。どうしたらよい？どうすればよい？その問いかけの中から、最善の答えをつくり上げていくのです。それが、ｋｎｏｗ ｗｈｙです。

成功する経営者を長年見ていて、気づくことがあります。

高い理想を掲げ、どうすればよいか、辿り着く道筋はどこにあるのか、自問する人は、すでに答えに辿り着いているともいわれます。

やはり、ｋｎｏｗ ｗｈｙと問いかける社員をつくることが、よい会社を実現する道筋なのだと思います。

自ら考えて行動する社員集団が、奇跡的企業をつくり出すのです。

## 社員の人間性を尊重して成長につなげる

ショールームからは、きれいに整理整頓され、掃除の行き届いた整備スペースを見ることができます。点検を受けている愛車を、コーヒーカップを片手に見守っているお客様もよく見かけます。納得車検という仕組みも、この会社から発信されたものです。

「工場の人間は、あまりお客様と話をする機会もありませんし、したがりません。それを超えて、お客様と話ができるように成長すれば、そのことが人間性の尊重になると考えました」

点検、車検が終わると、整備担当者が車のボンネットを開けて状況を説明します。女性ドライバーは、なかなかそんな機会もありませんから、いろいろな質問も出ます。そしてその中で、整備担当者もお客様の声に触れ、自分の役割、仕事の目的に深く気づいていくようになるのです。人間性尊重経営の真髄を見る気がします。

「人間性尊重の風土に、彼らも巻き込んで成長してもらう。そのために、ショールームと整備工場の仕切りはガラス張りでスタートしたのです」

# お客様に提供できる価値を知って守り抜く

社員満足のためにお客様満足はある。その発想は、深い洞察から生まれたものです。日本に古くからある商道徳のひとつの到達点に、今のネッツトヨタ南国はあるといえます。

「自らが、お客様に提供している価値は何か?」

価値前提の発想を全社員で共有することは、決して簡単なことではありません。しかし、お客様満足経営のスタート点であることは間違いありません。

その価値を提供することが仕事である、とどんな局面でもすべての社員が一貫して語り続ける。

「価値を守り抜く過程にブランドは醸造される」

そんなことも教えられます。

そして、そのような企業風土は、人間性尊重の社風から生まれてきます。人間性尊重とは、一人ひとりが考えて発言し、実行し反省する。そのプロセスを常に提供することです。上位下達ではなく、教えることなく考えさせる。とても時間はかかるでしょう。しかし、よい会社をつくる道筋は、考えることのできる社員を生み出す中にあるのです。

# 「問題解決」とはどういうことか

経営の現場では根元的な過程に対して、「問題解決」ではなく、「問題対処」で臨んでしまうことが多々あります。

お客様満足度が上がらない。では、マニュアルを整備し、教育しようと考える。これも正しい。しかし、問題の対処に過ぎません。

正しい発想を伝え、自分で考えるクセをつけさせる。もっと川上へのぼると、仕事への価値観を共有できる社員を採用することです。

これは、根元を解決する「問題解決」の発想です。

商品が売れないから価格を下げる。これは対処に過ぎません。品質を上げる、お客様のニーズを再度吸い上げ直す。これが問題の解決です。

飢餓に苦しむ国に魚を輸出する。これは、一時的に飢餓を緩和することにはなります。しかし、飢餓に苦しむ状況の解決にはなりません。魚の養殖技術を教え、定着させることが問題解決になるのです。

時間がかかっても、考えることのできる社員を育てることが、よい企業を創る問題解決になります。

「時間がかかろうが、一番大切なことを一番大切にする努力」

それを継続していくのです。

「1日中、お客様に喜ばれることだけをする。それが社員の成長につながり、社員の喜びにもなる。売上げは、その日々に感動するお客様によって伸びていく」

まさしく、その善循環をつくること。それが企業の核となります。辛抱強く未来を見つめて着手していきましょう。20年後は、必ずやって来るのですから。

## 1日中、お客様に喜ばれることだけができる会社をつくりたい

そのためにも、

「すべては採用の中にある」、「価値観を共有できる人間を採用すること」

価値観を共有する、あるいは経営理念に共感できる人間を採用することは一番の道です。

大きな時間的労力はかかるでしょうが、これも問題解決です。

価値観を共有しているという確信があるからこそ、お客様に喜ばれることに徹しよう！

何でもしよう！　といえるのです。根が一緒であれば、行動を各自に任せて考えさせ実行させても、何の心配もありません。

〝同根異才の集団〟

これは、理想的企業の姿です。ところが、多くの企業は異根同才を求めがちです。同じ価値観の集団ではないから、行動を強制しよう、統一しようとします。そこによい会社ができる過程はないし、お客様満足度が高まることもありません。ネッツトヨタ南国、横田英毅社長の経営発想には、特異な点はどこにもありません。

しかし、横田社長はこういいます。

「知っていることは、できていることなのです。陽明学にいう、知行合一を貫く。むずかしいことはありません。時間をかけることです」

1日中、お客様に喜ばれることだけができる会社をつくりたい。その結果が社員の成長であり、自発的に行動する社員が〝人間性尊重〟の風土をつくり上げるのです。

すべての社員を人生の勝利者に！

その思いの深さに、ショールームを訪れた人は感動することでしょう。

理想を追求する。常に高い理想をめざし続ける経営、そして現場でありたい。そう、心から思わされます。

# 第3章

# 「商品への自信」が顧客をつかむ

【虎屋、八海醸造】

# お客様満足の追求は何のためか

お客様満足の追求は、単なる業績向上の技術ではありません。結果的に、業績向上に結びつくかもしれませんが、企業として、または経営者としての生き様の現われでなければ、継続的な業績向上に結びつくものではありません。

①人間の生きる目的
②人間の働く目的
③企業を経営する目的

この三つの目的は、一体系の中にあると思うのです。

「人間は、誰かに喜ばれるために生まれてきた」

これは、私自身の人生観のひとつです。

私事ですが、私の長男は障害を持って生まれて来ました。その関係もあって、いくつかの障害者施設の評議員等を勧めています。

長男は生まれつきの障害のためか体が弱く、よく入退院を繰り返してきました。彼が3

才で、肺炎を起こして入院したときのことです。

長男の病室には、ほかに2人の障害児が入院していました。1人は比較的軽度の障害でしたが、もう1人はまったく動くことができず、表情の変化もないほどの重い脳障害の6才児でした。

ある朝、長男を見舞うために病院を訪ねました。病室の一番手前に、その6才児の健ちゃんが寝ています。いつも、母親と祖母が健ちゃんに付き添っていました。

「おはよう。健ちゃん！」

そう声をかけて病室に入ると突然、健ちゃんのお母さんがいいました。

「あらっ、佐藤さん。おはようございます。健ちゃんよかったわね、佐藤さんよ。あら、健ちゃん笑ってる。佐藤さんが好きなのね！」

私は、驚いて健ちゃんを覗き込みましたが、私の目には健ちゃんの表情の変化は見えませんでした。いつもと変わらぬ表情に見えました。

「健ちゃん、笑ってるんですか？」

そう聞くと、母親と祖母はうなずき合っていうのです。私が病室を訪ねると、いつも健ちゃんはうれしそうに微笑むのだそうです。今朝も2人で、佐藤さんが来てくれるかしらと話していたんですよ、とのことでした。

健ちゃんは、生まれついての障害のため、私たちから見れば、動くことも表情を変えることもないように見えます。障害児を持つことは、精神的にも肉体的にもたいへんに辛いことです。健ちゃんの場合、ことのほかたいへんだったことでしょう。

しかし、肉親にとってみれば、そこに彼がいてくれるだけで幸せなのです。小さな変化を進歩ととらえ、喜び合える存在なのです。

〝健ちゃんだって、誰かに喜ばれるために生まれてきた〟

そう思えます。人間は誰でも、誰かに喜ばれるために生まれてきたのです。

## 企業とは、人間の使命をはたすことができる場

人間が働く目的は、先に触れました。

〝仕事とは、お客様に喜んでいただくことである〟

この一点が働く目的です。とすると働く目的は、人として生きる目的と一体系の中にあるのではないでしょうか。

経営の使命、ということを考えるとき、この発想を中核に置く経営でありたいと思うの

です。人間には二つの使命があります。

①人としてよりよく成長し、生きる

②より、社会に貢献する存在となる

この二つの使命をより効率的に、より深くはたすことができる場が企業です。

経営の目的。それは、お客様に役立ち喜ばれる。そのことによって社員が成長し、よりいっそう深くお客様に役立つ存在へと進化していく。

その善循環こそが、経営の目的そのものだと思います。利益は、その結果として生まれてくるのです。

## 「商品への自信」は社員の幸福感の源泉

「利益率が高い企業は利益目的が明確な企業」

これは、多くの経営現場で実感することです。

利益目的とは、どの企業にとっても同じものです。

①お客様に、より喜んでいただく投資

②社員が成長し、より幸福になる投資

この2点に集約されます。そして、この二つが相乗的に、企業利益をより高めることにもなります。

さて、お客様に喜んでいただく根本は、商品とサービスによってつくられます。「お客様満足は、商品とサービスによって生まれます。しかし、商品力のマイナスをサービス力によって補うことはできません」

そうお伝えするのは、商品力がお客様満足にとっての絶対条件だからです。商品への絶対的な自信は、社員満足の条件でもあるし、現場社員の幸福感の源泉でもあります。

自信の持てない商品をお客様にお勧めすることほど、現場社員のプライドを奪うことはありません。現場社員は、どんなときも、お客様に喜んでいただきたいという思いを持っているからです。

自信の持てない商品を買っていただく。その連続は、いうまでもなく現場のモラルを下げます。その結果、劇的な悪循環を招くことになるのです。

## お客様は、商品とサービスを通して経営者の哲学を見抜く

94年の凶作に伴う米騒動、雪印事件、そして狂牛病騒動に至るまで、お客様の企業不信は、この十数年で極まったといえます。

企業は、利益のためなら平気で嘘をつく存在だと教えられたのです。では、本物の商品を、どうやって見抜くのか？

「よい会社を選択する」

それが、よい商品を選ぶ最善の道だと気づきました。

社員サービスは、経営哲学を映す鑑であることにもお客様は考えが至りました。経営者の考え方が、現場サービスを生むのです。

〝内観の時代〟

だと思います。

店舗、企業の外観、表に現われる広告、宣伝によって、企業への信用度が上る時代ではありません。

まず、直接的サービスを見て、お客様に対する考え方を探ります。その考え方、経営哲

学が安心できるものであれば、商品に対しても確信が持てるわけです。

内観の時代、とお伝えする本質がそこにあります。

しかしその一方で、お客様満足を業績向上の手練手管として考える企業も増えてきました。商品力のマイナスをカバーする手段として、〝高い顧客満足度を演出する企業〟もあるようです。

もちろん、そんな企業は遠からず、お客様に見抜かれて没落することになります。お客様にとって、

〝表の経営哲学と裏の企業実態の不一致〟

ほど、許せないものはないからです。

ブランドとは、

〝いっていることと、やっていることの一致〟

の中から育まれるものです。

口コミの時代の怖さは、何重もの監視の目が、みなさんの企業に注がれていることです。

しかしこれは、正しい企業にとっては幸いなことでもあります。

## 理念の具現化が、永続する企業を生む

室町時代の後期である約500年前に創業した虎屋。日本のブランドとしてもっとも古い歴史を持ち、確固たる地位を保っています。

経営の目的が永続にあるとすると、虎屋はその経営目的をはたし続けている企業ともいえるでしょう。

「めざしているのは、クレームゼロです。それが虎屋の理念の具現化と考えています」

虎屋御殿場工場を訪ねた際、当時の納屋房信工場長にそういわれたとき、老舗企業の真髄を教えられた気がしました。

「マネジメントとは、スローガンの具現化だと思います。理念に溺れず目標を共有して、ブランドを日々、積み上げる努力をすることが大切です」

現在は営業部長を勤める納屋氏は、学卒で虎屋に入社した生粋の虎屋マンです。ブランドとは、日々の努力のプラスアルファに過ぎない、といいます。

虎屋の理念は、

〝おいしい和菓子を、喜んで食べていただく〟

簡単明瞭。菓子業としてすべての大切な要素を盛り込んだ、そんな理念です。どんな美しい理念やスローガンでも、その実践だけが永続する企業を生み出すのです。

「たとえば苦境に陥ったとき、理念を具現化すべくマーケティングを考えなければなりません。それは、顧客と社員との接点に集中します」

納屋氏は、理念に溺れてはならないといいます。

理念とは、掲げ、実践していくものです。飾っておくものでも、唱和するものでもありません。理念とは、社員の人生観、労働観、そして企業が何を目的としているのか、を示したものです。

〝理念とは社員の人生の指針でもある〟

そう考えなければなりません。企業と社員、そしてお客様が理念を共有して、常にその実践度をチェックするものでもあります。

理念とは前章でも述べましたが、企業経営の目的を表わすものです。

〝戦略とは理念を実現するストーリー〟

と考え、理念の実現こそが企業永続の道筋である、と全社員で確認し合うものです。

そして理念は、社員と顧客の接点である現場で結実しなければなりません。納屋氏は工場長時代、自分の最大の仕事は理念の実践にある、ととらえたのです。

## 成功者の三大共通点とは？

〝クレームゼロ〟

言葉にすると簡単です。みなさんはいかがでしょうか？　昨年のクレーム件数を、正確に把握できているでしょうか？

「うーん、だいたい10件前後かな……」

経営者や幹部がこの程度の答えだとすると、理念実践度は限りなくゼロに近いはずです。お客様満足、それが企業の経営理念の中核です。とすると、その理念に対するマイナス項目である顧客クレームを、明確に口にできるようでなければ問題です。

当時の虎屋の年間客数は、全店で３６５万人。およそ１日１万人とのことでした。その状況で、商品クレームをゼロにしようというのです。

「03年は11件。04年は6件でした。目標達成まであとわずかですが、このわずかの道が遠いのです」

納屋氏は、社員の認識違い、作業工程上の作業ミスなどのヒューマン・エラーが、全クレームの57パーセントになると教えてくれました。

「どんなことにも原因があります。対策をとれば、恐れることはひとつもないのです」

納屋氏のものの見方は、複眼的であり本質的でもあります。

商品製造業や製造小売業だと、10万接客機会に1件程度の割合でクレームが発生します。これは、かなりレベルの高い現場での話です。

それをゼロにする。

常々、思うことがあります。優秀なビジネスマンや成功する経営者には、ある共通項があります。

①高い理想を持つ

②目標設定能力に秀でる

③常に現場に回帰し、現実に対して〝憤〟を持つ

という3点です。

人間にとって、現状満足は間違いなく堕落のはじまりです。常に高い理想を掲げて、今の自分、現場との差に目を向けていかなければなりません。

高い理想から現状を引きます。そこにあるのは、決して絶望ではありません。

「努力目標があるだけです」

と、よくお伝えします。

仮に、低い理想に止まると、どうなるのでしょう。

〝低い理想―現状＝現状満足〟

そんな図式ができ上がります。

「現状満足は死を意味します」

親しくしている、柔道家であり東海大学の教授でもある山下泰裕さんは、常々そういいます。

クレームゼロという理想は、常識的な発想ではありません。本当に高い理想であると思います。

「10万件に対して、１件のクレーム発生率だったら合格です」

と私はいっていたわけです。これは、間違いなく低い理想だった、と反省もしました。

高い理想とは、目標設定能力の高さをも意味します。

納屋氏は、理念の実現を理念に溺れることなく進めることこそ仕事である、と考えたのです。

# 理念の実現こそ幹部の仕事

もちろん、理念とは経営の目的であり、〝ベクトル＝この方向へ進むぞ！〟ということです。簡単に達成できてしまうものではありません。追求していくのです。

とはいえ、日々の現場は、理念というものを実感しながら仕事をしているわけではありません。やはり、具体的目標として、全員が目標を共有することが大切になります。

「理念。ああ、あの壁に張ってあるやつですか⁉」

残念ながら、そんな現場も存在します。

「理念とは日々実践していくもので、われわれの労働観、人生観として追求していくものなんだよ」

と語っても、実感を持って受け取られることは稀有だと思います。

大切なのは、

〝実感として理解できる目標に置き換えること〟

なのです。つまり、具体化する、ということです。

目標設定能力という言葉を使うのは、自らの成長は、高い目標をめざすことで叶えられるからです。もちろん、目標達成能力は、現場幹部にとって不可欠な能力です。

しかし、低い目標を立て続けることは、現場の緊張感やモラルの欠如を生みます。低い理想と同じように、自分たちの現状満足につながるからです。

理念を実践するという高い理想と、クレームゼロへの挑戦という目標設定能力が両立することで現場の新しい力となるのです。

「目標を共有することはとても大切です。しかし、目標はあくまで個別化することです。すべての階層の人たちが、各々のレベルで理解できる目標に落とし込むのです」

製造部長から、自らの希望で営業部長へと転じた納屋氏は、営業責任者としても同じ発想で実績を上げています。

「理解を共有することですね」

たしかに、全員をひとつの目標へと集中させるには、全社員が理解をひとつに共有することがスタートになります。目標とは、目的に沿って立てられるものだからです。

クレームゼロへの挑戦は、400年以上の歴史を持つ虎屋の凄さを体感させてくれます。そして、理念を〝商品〟という核心に具現化する大切さも教えられるのです。

# 日本酒業界に見る〝崩壊のルール〟とは

企業が崩壊するとき、そのルールはひとつの言葉に集約できそうです。

〝量に目が眩んで、質に妥協する〟

あらゆる企業の滅びの原因は、そこにあります。成長期では、どんな企業も、商品とサービスの質の高さが成長の要因となります。しかし、その質を維持し続けることは、思いのほかむずかしいようです。

量を追求すると、質の成長という原点からズレてしまうからです。

日本酒業界は今、危機的な状況にあります。爆発的な焼酎ブームが5年間続き、それまで長期漸減傾向を続けていた日本酒を直撃したからです。

75年に950万石のピークを記録した日本酒市場は、05年には450万石にまで半減しています。一石は一升瓶100本に相当しますから、年間9・5億本の生産が、4・5億本にまで激減したことになります。

焼酎は90年が59万ℓ。それがなんと、05年には90万ℓへと急成長したのです。焼酎は今、有史以来のバブルの最中にあります。

日本酒は、日本食文化の中核として、日本人の味覚のみならず、食の美意識にも大きく貢献してきました。今、世界は日本食ブームの深耕期にあります。世界のトップレストランに行けば、フレンチでもイタリアンでも、醤油、ポン酢、そしてみりんまでもが普通に使われています。

盛り付け、見栄えについては、間違いなく日本食の技術が主流になりました。もはや、寿司、天ぷら、スキヤキが日本食の中心として語られるだけではなく、自然に深く浸透している現実に驚かされます。

2004年には、ニューヨークのトライベッカー地区に、フードスコープの今井浩司氏がプロデュースした〝MEGU〟がオープンしました。日本で今井屋本店を展開するフードスコープが、日本流をベースとしたメニュー構成で圧倒的繁盛店を創ったのです。

250席のMEGUは、オープン初年度日本円で15億円を突破し、全米のセレブたちの憧れの的になっています。2006年3月には、MEGU2号店が5番街のトランプタワーにオープンし、こちらもオープンから好調を維持しています。

〝世界は日本化する〟

と先にも述べましたが、食の世界では、これはすでに顕在化しているのです。

MEGUのメニューは、純粋な日本の高級居酒屋のメニューです。炭火焼のししゃもや、カラフルに彩られた枝豆は人気メニューです。MEGUについては、4章でも触れましょう。

繊細さ、取り合わせのカラフルさ、季節感の演出等々、たしかに〝質を志向〟する世界の中で、日本食は食の楽しさやすばらしさを伝える存在です。そのMEGUでも、50種類の日本酒がメニューに載っています。

ヨーロッパの食の都・パリにあるミシュランが選定した三ツ星レストランの多くには、名古屋市に本社がある日本酒メーカーの〝醸し人九平次〟がリストに載っています。

世界中の食が日本化を強める中で、本家の日本では、なぜ日本酒業界が危機的状況にあるのでしょうか？

言葉としては厳しいかもしれませんが、先の戦中から日本酒業界の多くが、愚にもつかない日本酒を大量につくり続けたからです。

第二次世界大戦の最中、日本は深刻な食糧難にありました。いうまでもなく、食糧は統制下に置かれ、配給制度が８０００万人の日本人の食を細々とつないでいたのです。

主食である米を主原料とする日本酒業界では、昭和19年に国の施策として蔵の統合が行なわれました。そして米不足の中で、本来の日本酒づくりとはほど遠い、〝三倍増醸法〟という技術が奨励されたのです。

少ない米から大量の日本酒を仕込む技術が研究され、同量の米から三倍の日本酒をつくる技術として開発されたのが三倍増醸法です。しかしそれは、もはや日本酒ではありませんでした。

戦時中、緊急避難的に導入された三倍増醸法は、戦後の食糧難の時代にも当然生き残りました。いつかは、きちんとした日本酒をつくりたい――多くの蔵人はそう思ったに違いありません。

ブドウ糖、アミノ酸を添加してつくられた、日本酒とは呼べないアルコール飲料。高度成長期を経て、豊かになった日本でも三倍増醸法は続けられたのです。

「量に目が眩んで、質に妥協する」

そのものの姿が、日本酒業界には存在していました。

日本酒は臭い。悪酔いはするし、酔い覚めが悪くて頭がガンガンする。ベトベトして甘ったるい……。今の若者の日本酒評の多くは、こんなところでしょう。

国の文化ともいえる日本酒。これほど一国の文化が大切にされなかった例は、ほかに類を見ないと思います。

## 量に負けず、質に妥協しない志

「自分たちが正しい日本酒をつくって、日本酒のすばらしさを知ってもらいたい。そのためには、一定の生産量にしなければと思うんです」

新潟県魚沼市にある、八海醸造三代目社長・南雲二郎氏はそう語ります。

幻の名酒とまで評された八海山をつくる蔵です。初めて南雲社長にお会いしたとき、たいへん驚きました。

それは、八海山の生産量が3万2000石と知ったからです。シェアでいうと、日本全体の0・7%の占有率を取っていることになります。

しかし、その数値に驚いたわけではありません。量と質のバランスに驚いたのです。八海山の酒質からいえば、6~8000石の生産量だろうと勝手に想像していました。

メーカーの宿命として、多くの場合、量をつくれば質は自然に低下していきます。日本酒は、杜氏の長い経験と熟練した蔵人の手づくり技術によって支えられてきたからです。

経験や勘はある程度、コンピュータ管理によって再現することは可能です。しかし、最善の酒質を実現するには、人間による厳格な対応が必要です。

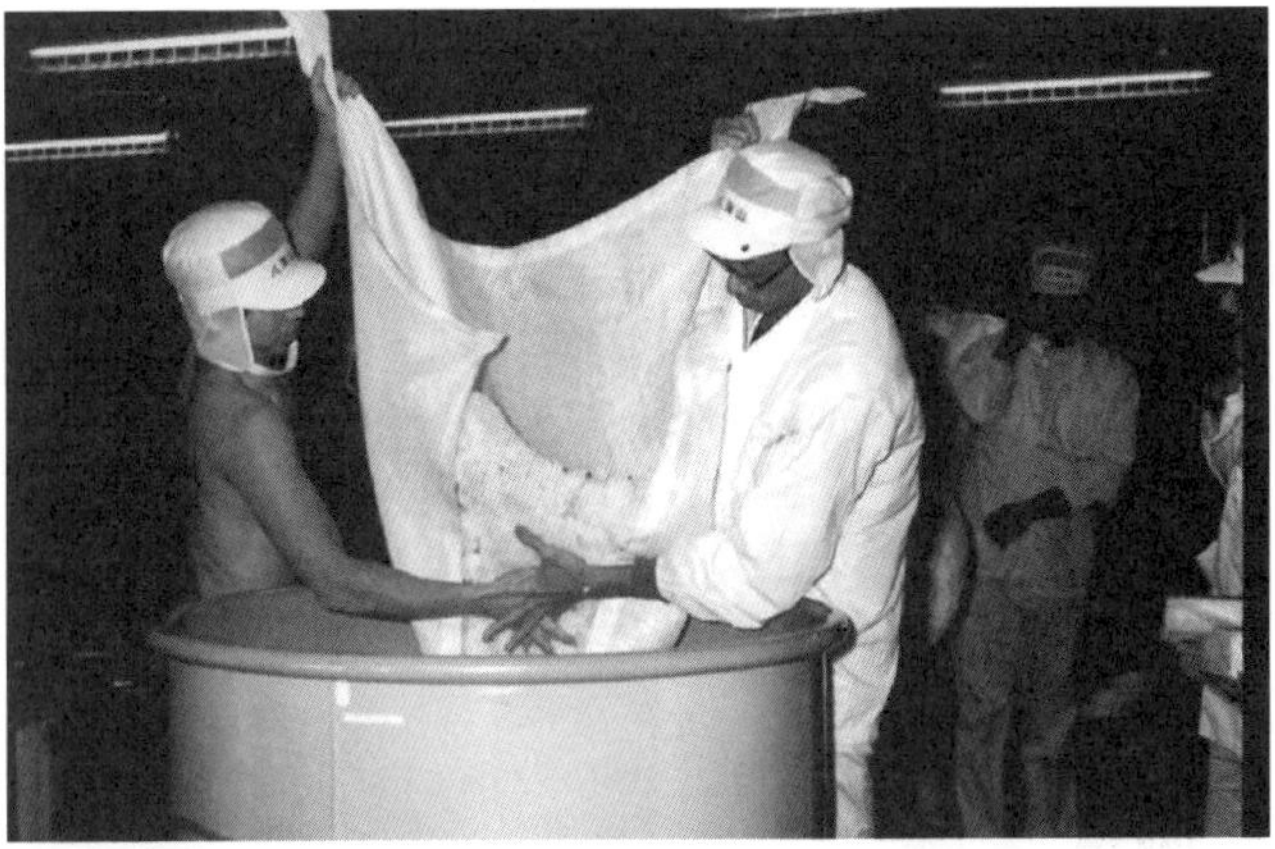

妥協を許さない八海醸造の酒づくり

その点で、日本酒は石高によって酒質が左右されるのです。この酒質で3万石以上！　そんな驚きがありました。

〝量に負けず、質に妥協しない志〟

そんな言葉が頭に浮かびました。ある意味、現在の経営において守ることがもっともむずかしい志のように思えます。

八海醸造の製造方針に、こんな一節があります。

〝妥協を許さない手づくり手法による大吟醸酒製造技法の全酒類製造への徹底応用〟

明確な指針です。大吟醸酒は、たいへん手間とコストがかかる技術を要します。また、最高の酒質を実現するため、杜氏たちが技術を競い合って鍛錬を続けています。

その技術を、決して妥協を許さず全酒類

に導入しようというのです。大吟醸酒は、もっとも安い普通酒の5〜8倍の価格がつけられるのが一般的です。

「誰もが飲める普通酒で最高の酒質を実現する。それが、日本酒のすばらしさを知ってもらう一番の近道だと思います」

そして南雲社長は、それこそが自分たちの使命だといいます。

## 〝憤〟とは何か？

「どんなによい酒をつくっても、一部の人間にしか飲めないものでは、日本酒文化を未来へと継承していくことはできません」

なぜ、日本酒業界がこれほどの低迷に陥っているのか？　日本酒文化は、未来へのパスポートを失ってしまったのか？　何が問題なのか？

南雲二郎社長には、今の日本酒が置かれている現実に対して、大きな〝憤〟があります。食は文化であるといわれます。そして間違いなく日本酒は、食文化の中核となって、日本の食文化のすばらしさをアピールし続けていく存在であるはずだ。では、なぜ今のような状況が生まれたのか。品質に対して決して妥協しない姿勢。その欠如が、日本人の日本酒不信を招いたとすると、あまりにも悲しいではないか!!

そんな思いが〝憤〟となって、南雲社長を今の製造方針へと導いたように見えます。

高い理想を持ち広い視野に立つ人間は、現状に対して〝憤り〟を持ちます。その憤りは、〝自分たちにできることは何か?〟

という思いにつながっていくのですが、この思いが、〝憤動〟

を生み出します。憤から生まれる、より広い視野に立った動きです。当事者として、この現状を変えるぞ! という動きです。

## 生涯顧客を創る

先代が残した言葉で、一番印象に残った言葉を聞いたとき、成長を続ける八海醸造の原点を教えられました。

「もっといいものを、もっと安くつくろう! といつもいっていました。そして、自分の酒を自分たちでつくり売れる喜びを、いつも語っていました」

日本酒業界は、戦中戦後の動乱期を日本酒づくりへの情熱だけで乗り越えてきました。本来の正しい日本酒をつくりたくても、戦後の食糧難の中、貧しい経済環境で不出来な日本酒をつくらなければならない悲しみも体験してきました。

「だからこそ、われわれの酒を求めるお客様を選ぶようなことをしてはならない。いつも、そう語っていました」

先代を語る南雲社長の表情はとても美しい。そんな印象を持ちます。それは、ただ酒質を上げるという一点を貫いてきた、先代への確固たる信頼のように見えます。

少ない量を守り、最高の酒質を実現し続ける。そんな蔵もあります。

量の誘惑に負けることなく、新しい日本酒の潮流を生み出そうとしている若い蔵人、経営者。日本酒文化を再構築しようとしている動きは、たしかに新しい流れをつくっています。

南雲社長は、そのような動きを進める蔵に心からの敬意を持ちながら、その先へと思いを馳せていました。

「初めて日本酒を飲む人たちに、日本酒はこんなにおいしいのか⁉ 日本酒も悪くないな、そう語り合ってほしいのです。何事も、入口が大切ではないでしょうか？」

経営において、一生このブランド、企業を選択したいと思ってくれる顧客を創ることは最重要事項です。これを、

〝生涯顧客〟

と呼びますが、はたして何人の生涯顧客を持っているか？　それが、お客様満足経営の指標ともいえます。

生涯顧客を創るとき、何より大切になるのが、

〝入口を大切にする〟

ということです。初めてその企業を利用するお客様の感動のレベルを極める、といっていいでしょう。

日本酒業界で見れば、初めて日本酒を口にした人間の、その瞬間の感動ということになります。その入口で、

「日本酒とは、聞いていたとおりまずいものだな……」

と思われれば、生涯顧客づくりには至りません。ワイン、酎ハイ、そして本格焼酎へと流れていってしまうでしょう。

高い単価が払えない入門顧客にとって、

〝入門商品の品質の高さ〟

こそが、そのブランドの印象を決定づけるのです。

## 〝魂の入門商品づくり〟に賭ける

神戸に、日本を代表する洋菓子ブランド〝ツマガリ〟があります。宮崎県出身の津曲孝社長が、20年かけて育て上げたすばらしい企業です。

津曲社長は、自店のシュークリームについてこう教えてくれました。

「初めてツマガリに来店したお客様が、必ず求める商品はシュークリームです。これは、どこの洋菓子店でも同じです」

であれば、初めて買っていただくシュークリームには、徹底的に手間と原価をかけるべきだ、といいます。

「シュークリームの原価率は70パーセント以上です。ツマガリブランドの入口に立たれた方に、一生の顧客になっていただくための投資でもあります」

その言葉をお聞きしてから、

〝魂の入門商品づくり〟

その大切さを口にしています。自社の理念、哲学、そのすべてを知っていただける、魂の込もった入門商品をつくるという意味です。

居酒屋は、最初の付き出しが、その店舗への期待を生み出します。付き出しの一品目でお客様を幻滅させては、店舗内滞留時間は高まらないし、客単価もあがりません。

「魂の付き出しをつくりましょう！」

というのも、そのためです。

この一品を体験していただくことができれば、わが社のすべてが理解できる、そんな入門商品づくりこそが、生涯顧客を生み出すことになるのです。

## 日本酒業界のマイル・ストーンをめざす

南雲二郎社長が、質に妥協せず量をめざそうと決意しているのも、同じ理由からです。

最高技術である大吟醸酒技法を、一番価格の低い普通酒にも導入する。しかも、決して妥協を許さない手づくりの技術を守りながら。その普通酒で、質の追求と量の実現の両立を進める。

それは、入門商品としての位置づけをめざし、日本酒業界全体の品質のマイル・ストーン（道標）になれればよい、という考え方からです。

お客様を選んではいけない。求めているお客様がいる限り提供するのだ。その先代の思いが、より高い理想として三代目に継承されています。

八海山といえども、最初から幻の名酒といわれたわけではありません。

79年に精米の歩合を72パーセントから55パーセントへと変更。精米歩合とは、米の外側を削る度合のことです。精米度を高めるほど、米の芯部分を使うことになり、味の雑味がなくなります。

一方で、米の重量は削るほど軽くなりますから、それだけコストは高くなるし、削った米を活かす技術も高度になります。

最高の酒質に挑戦するために手間とコストを惜しまない。この覚悟は、簡単に決められるものではありません。

さらに75年には、三倍増醸法を廃止し、ブドウ糖の添加も取り止めました。

もっといいものを安価で！　その思いが加速していきます。そして、いつしか入手困難な名酒として知られるようになったのです。

高い理想の大切さ。三代目は、名酒としての立場に満足せず、待っているお客様に届けるというスタンスを貫きます。

「精米歩合を、平均でも55パーセントにすること。そして、粕歩合にもわが社なりの基準を設けています」

酒造り県である新潟県平均で、65パーセントの精米比率という事実を考えると、高品質への執念がうかがえます。ちなみに、全国平均の精米比率は75・5パーセントですから、普通酒で55パーセントという数値の意味がおわかりいただけるでしょう。

一方、粕歩合は、さらに明確に高品質化への意思を感じさせます。

日本酒は米を発酵させてつくりますが、最後に〝もろみ〟を絞り上げて新酒となります。粕とは、もろみを絞った残りのことです。

もろみを強く絞れば、よりたくさんの新酒が取れることになります。濡れたタオルをイメージしていただければ明らかです。

しかし、絞りすぎると、新酒に雑味やエグ味も混じることになってしまいます。絞れば絞るほど新酒の量は増え、〝残り粕〟の重量は軽くなりますが、雑味は強くなるという相関関係があります。

## 普通酒での最高品質を追求する

八海山の普通酒は、仕込んだ総重量に対して31・2パーセントの粕重量が残ります。全国平均は普通酒で22・7パーセントですから、何と10パーセント近い差があるのです。同量の米を仕込んでも、それだけ搾取される酒量は減るのです。大手メーカーでは、粕歩合が10パーセント未満の普通酒もないわけではありません。

徹底した普通酒へのこだわり。そのために、あえて非効率を選択してでも、高品質をめざすのは、大きな〝憤〟からです。

「日本酒のすばらしさ、おいしい日本酒への感動を、より多くの人たちに届けたい。未来に日本酒文化を残すことが、われわれの使命だと思うからです」

そのためには、もっとも入手しやすい普通酒で最高品質を実現しなければならない。それが、南雲二郎社長の信念です。

本当においしい日本酒を飲んでほしい。一部の愛飲家だけでなく、日本酒のおいしさを理解できるはずの、より多くの日本人に。

厳しい日本酒業界の中で、八海醸造は成長を続けてきました。5年比で見ると、20パーセント以上の成長率を維持しています。日本酒業界全体で30パーセント近く生産量が落ち込んでいる中で、です。

どんな時流環境であれ、

〝高品質を貫き通し、より品質を磨き上げる気概は、時流に関係なくお客様に支持され続ける〟

という原則を忘れてはなりません。

品質を磨き上げる気概。それこそが、お客様満足を生み出す王道なのです。

## 企業の魂は下限商品に宿る

八海醸造南雲社長の経営から教えられることは、

〝ブランドとは、品質の一貫性によって高められる〟

ということでもあります。

さまざまな経営現場で思うことがあります。

「下限の商品にこそ、企業の魂は宿る」

という原則です。

入門商品の高品質化が生涯顧客づくりの入口である、とお伝えしました。お客様が初めて手にする商品、その商品への感動が企業への信頼となり、ロイヤリティにつながります。ロイヤリティとは、忠誠心と訳せばよいでしょうか。

「私はずっとこの企業のお客でいたい」

という思いです。

最初の感動が、すべてのはじまりなのです。入門客が手にする商品は、下限価格商品であることが少なくありません。下限商品にこそ、企業の魂を宿らせるべきだと思うのは、そのためでもあります。

そして、もっとも低単価な商品から高単価の商品にまで貫かれている、

〝品質基準の一貫性〟

が、顧客の安心感を生み出します。安心感は、満足の連続の中で信頼感へと昇華することになります。

〝いつかはクラウン〟というトヨタ自動車の有名なコピーがあります。誰もが、最高品質商品に憧れを持ちます。しかし、初めて車を購入するお客様が全員クラウンを買えるはずがありません。段階的に、最初はヴィッツかカローラか。身の丈に合った車を購入する

はずです。

「量販車のカローラは、トヨタの利益を支える利益商材でしょうね」

もう、20年近く前のことです。トヨタの幹部とのディスカッションの場で、何気なくそうたずねました。

「いえ。カローラはトヨタにとって、もっとも利益率の低い商品のひとつなんですよ」

そんな答えに驚かされました。

カローラを、クラウンへと続く道を歩きはじめたお客様の入口商品とすると、最初の感動が大きくなければ、クラウンへの道は決して魅力的な道とは感じられないでしょう。

「ですから、あらゆる点でクラウンに遜色のない信頼性を実現しています」

そう続けたトヨタマンの表情の輝きは、今でも忘れることはできません。

カローラでこれほどの品質なら、クラウンはどれほどすばらしいのだろうか⁉ この思いが、最高単価商材への憧れを膨らませるのです。

「クラウンへの道は、入門商品・下限商品に対する感動からはじまる」

そんな大切な原則を教えられた1日でした。そして、八海醸造の経営観からも同じ原則を感じます。

どの商品を手に取っても、確信できる一貫性。入門商品である普通酒に感動してもらいたいという気概です。

## 決して質に妥協せず、量の成長をめざす

〝品質基準〟

その大切さは、いうまでもありません。しかし多くの企業が、品質基準への妥協からお客様に失望されていることも事実です。

決して質に妥協せず、量の成長をめざす。

たいへんむずかしい、この命題に挑戦している企業があることに勇気づけられます。

三代目は、高い理想の下、大きな旗を掲げています。

「もっと高品質の日本酒を、もっと多くの人に届けたい。日本酒はおいしいものです。そのことを、未来へとつなげていきたい」

八海醸造を訪ねる楽しみがあります。

南雲仁相談役にお会いすることが第一。仁さんは、二郎社長の母であると同時に、魚沼の食文化の研究家しても知られています。

「自分たちがつくったお酒を、自信を持って売れる喜びを決して忘れてはならないと思うのですよ」

戦中の統廃合の危機。生産量の制限のため、続いていた買い酒を64年に止められた喜び。「よい酒をつくることだけを考えて、売上げが悪かったときでも、私たちの酒はよい酒なんだ！　と、誇りを持って語り合える時間が一番うれしかったですね」

南雲仁さんは、いつも本質を的確につかみ、八海山の今に至る道を語ってくれます。南雲二郎社長や社員の方にお会いし、日本酒業界に旗を立てて妥協せず進んでいく情熱に触れる喜びも大きいものです。

何より、飲兵衛の私にとって、蔵を訪ねたときにだけ口にできる、〝幻の大吟醸〟が味わえることも大きな喜びです。

「年に一度、最高の材料で、かけられるだけ時間をかけ、私たちの最高の技術でこの酒をつくります。こんな酒をめざそう！　と全員で確認するためです」

自分たちがつくり得る最高峰の酒を、手間もコストも惜しむことなくかけて年一度つくる、それが幻の大吟醸です。

売るだけの量はつくれない、もし少量を市場に出せば、たちまちプレミアムがついてとんでもない値段になってしまうでしょう。

「それでは、私たちの経営方針とは違う現実が起こります。だから売らないのです」

南雲社長は、自分たちの方針をどこまでも真摯に語ります。

「全員でこの大吟醸を飲み、めざすべきゴールを全員で確認し合います。できれば、この品質の酒一種類をつくり世に出せれば、と」

この最高峰の酒質を普通酒で実現したい。

真に気概に溢れたこの大吟醸を口に含むとき、

「量に負けず質に妥協しない、その志がお客様には間違いなく理解される

と思うのです。

## お客様満足経営を実現する力

商品力のマイナスをサービスで補うことはできない。これは、業種にかかわらず、すべての企業にとっての大原則です。

社員一人ひとりにとって、自信に溢れた商品を売れることは、何よりも幸福なことです。

そしてその自信こそが、お客様満足経営を実現する力になります。

下限の商品にも、自らの品質基準は守り抜かれているか？
すべての商品品質には、一貫性があるか？
そして、自分たちが追求していく理想は何か？
量に負けず、質に妥協しない強さを再度検証してみたいものです。

第4章

# お客様から尊敬される企業になろう

【仙太郎、六花亭】

# 尊敬される企業とは

尊敬される企業でありたい。

これは、すべての経営者、社員にとって、切実な願望・夢ではないかと思います。名刺を出したとき、

「すばらしい会社にお勤めですね」

そういわれたい、と誰もが願っているはずです。

では、地域やお客様から尊敬される企業とはどんな企業でしょうか。資本金や年商規模、利益の大きさが、尊敬の対象になるわけではありません。社屋の立派さも給与の高さも、羨望の対象にはなっても、尊敬心を抱かせることはありません。

人間は目で見えること、数値で測れることをよりどころにしがちです。そのため、数値や物を経営の目標に置き、いつしかそれを経営の目的と混同してしまいがちです。

「よい会社をつくる」

この一点が、尊敬される企業がめざすべき目標です。そしてよい会社とは、お客様と社

員双方にとってのよき会社なのです。

## 企業の理念を実現するためのストーリーと仕組み

「企業のあらゆる現実は、お客様との接点に集約して現われる」

常々、現場コンサルティングから教えられることです。その会社がどんな企業なのかは、第3章でも述べたように、商品とサービスに結実しています。

大切なことは、よりよい未来像を描くことだと教えられます。なぜなら、

〝戦略を絞り込むと戦術は単純化する〟

からです。

戦略とは、企業がお客様と社会にどんな貢献をしながら成長していくのか、というそのストーリーのことです。

企業にとって経営の目的は永続することであり、そのベクトルは理念に示されています。

その視点から見れば、

「戦略とは、理念を実現するストーリー」

ということになります。

戦術とは、理念をより深く実践していくための仕組みです。

戦略が一点に絞り込まれていると、仕組みは当然、単純化していきます。

戦略を一点に絞り込む。この一点を大切にして、自分たちは成長するのだ、という一点。

お客様にこの一点で貢献し、社会的価値を企業として高めていく。この一点を、

〝真因〟

と呼んでいます。

## 一点にこだわり、妥協しない経営

京都府下京区に本社を置く、和菓子企業の仙太郎は独自の経営で、多くの熱烈なファンをつかんでいます。

平成17年7月末に代表取締役を退いた田中譲前社長が、明確な経営方針を掲げて熱烈なファンを創り上げたのです。

〝企業理念こそが、企業の独自性を生み出す〟

といわれます。

まさに仙太郎の独自性は、田中譲氏の独自の理念が創り上げたものなのです。

「大きな菓子屋をめざすのではない。おいしい菓子屋をめざすのだ。奈良の大仏さんの前で、そうめざめたのです」

三代目として家業を継いだ田中譲氏は、一度は和菓子屋として一番の規模に、と思ったといいます。

しかしある日、奈良の大仏の前で思いました。

〝この大きさにかなわない。古さにも歴史にもかなわない……。大仏さまの前に立ち、ただ自分の小ささを思わされ……〟

経営という以前に、仕事とは何か? それは、自分だからこそできること、自分だけの価値をつくり認めてもらうことではないか……。

そう思わされたのかもしれません。

〝大仏さまの前におまんじゅうをお供えし、大仏さまに食べていただき、「うまい!」といわしめることは、私にはできる〟

おいしいお菓子をつくろう!

それは、田中氏だけが思うことではないかもしれません。ほかと違うのは、その一点にすべてを集中したことです。何度もいいますが、〝非妥協〟を人生で貫いたことです。

## 鮮度第一。おいしさ追求のために

仙太郎の工場を見学して、多くの人が驚きます。その規模からみると、圧倒的に機械が少ないからです。

おいしい菓子を。その思いを、田中氏は即行動に移しました。工場内の機械を必要最低限のものにしたのです。同時に、製菓業にとって不可欠と思われている冷凍庫も工場からなくしました。

製菓業は比較的、季節変動の大きな業界です。ですから、機械を活用してまとめ生産をし、冷凍庫でストックをしたうえで必要量を出荷します。機械装備率も高い業界です。効率的生産のためには、機械を活用したまとめ生産→冷凍ストック→適量出荷、が理想的に見えます。しかし、冷凍保存はどうしても品質の経時劣化が発生します。

和菓子・仙太郎工場外観（京都市・下京区）

「本当においしい菓子をつくるなら、鮮度のよいものをその日につくり、その日に出荷して食べていただくのが、間違いなく一番よい」

その道を選択したのです。そのうえ、百貨店からの出店要請が来ると、7坪の工房つき店舗以外は出店しない、と決めました。もちろんこれも、鮮度第一、おいしさ追求のためです。

「手仕事は楽しいものですよ。何で、こんなに楽しいことを機械に任せるのですか？」

田中氏が、ほっとさせる笑顔でそう語るとき、われわれが失ってきた仕事の楽しさを思い出させてくれます。

それに、人間は機械よりも絶対に優秀。

まんじゅうのここを少し窪ませたいと思ったとき、その場で対応できる。しかし機械は、数ヶ月の改良期間を経なければ、新しい作業には対応できない、ともいいます。

おいしい菓子を、鮮度のよい菓子を。その一点に自らの真価を定め、田中さんはその真価を追求していきます。

京都市内にあった工場を、船井郡八木町に移したのもそのためです。

京都市内の水質が年々悪化する中、おいしい水を探し、やっと辿り着いたのが謡曲「氷室」にも謡われた名水の地、八木町だったのです。

菓子づくりにとって良質な水が不可欠である以上、京都市から1時間以上も山間へと分け入った八木町への移転にも迷いはなかった、といいます。

戦略＝真価を絞り込み、非妥協で進むことを決めれば、意思決定にも迷いは少なくなります。何より、現場が何を大切にし、何を基準にして仕事をするかが、明らかになります。

## 一生かけて技術を極められる会社

「近き者悦び、遠き者来る」

田中譲前社長はこの言葉を、おいしいお菓子づくりの核である、と話します。

この孔子の言葉は政治学的な言葉ですが、田中氏は近き者とは、社員のことだと考えました。社員が悦ぶ会社であること、そうすれば遠き者である顧客もやって来る、そう考えたのです。

品質において、質的無限を追求しようとすると、それを実現するのは「人間＝社員」にほかなりません。

「人の品質こそが、商品の品質」

なのです。

そのために、三つのことを進めて来たように見えます。

ひとつ目は、

「生きがい、働きがいを極める企業創り」

です。

「技術を極めるのは、一生。人生において極めていくのです。自分の質を高めるのに、これが限界ということはありません。とすると、一生働ける会社ほど、品質は上がりますね」

定年のない会社を、田中氏は宣言します。60歳で、社員という立場から嘱託という立場には変わりますが、一生いつまでも働いてくれていい。そんな仕組みです。

18才で就職し60才定年で、およそ1200万円の退職金が支払われます。そのうえで、働きたいときに出社し、退職時給与に対し一定率で給与が支払われるのです。

「人間にとって、一生自分の価値を高められ、頼りにされるほど幸福なことはないでしょう」

そのとおりだと思います。働く喜びの中で、

「自分の成長がお客様の喜びである」

と教えられていることほど、大きな喜びはないと思います。

## 仕事ではなく、「志事」

とはいえ仙太郎は、一時期、世界中から揶揄されたような働き蜂集団をめざしているわけではありません。
①残業はするな！
②休日124日の完全消化

③14日間連続休暇の取得

を徹底しているのです。

「会社は、日本一の処遇を獲得するために存在する。そのために、みんな働こう！そういっています。もちろん日本一の処遇とは、待遇だけではありません」

どこにも負けないお菓子をつくろう！日本一の菓子を！その強烈な思い。

そのためには研鑽も必要です。休みは、自らを鍛える時間でもあるのです。

「仕事ではなく『志事』だと思うのです。共有する志を全うするために、私たちの毎日がある。幸せとはその実感ではないでしょうか」

働きがい、生きがいとは何なのか、そのことを心に深く教えられます。

## 働けば働くほど報われる仕組み

二つ目は、

「利益方針の明確化」

という点です。これは、人の品質を上げる方針のひとつになっていると思えます。

「業績非連動給をベースにしています。会社の業績のよし悪しによって人生が左右されたり生活が振り回されるようでは、安心感は湧きません」

この考え方は、能力主義や実績主義の対極にあるように見えます。しかし、技術を人生の続く限り極めて生きる集団であれば、給与制度も人生、という視点から考えるべきです。

〝働けば働くほど報われる仕組み〟

という言葉を、83年頃からコンサルティング現場でお伝えしてきました。

企業の活力を考えると、働くほど報われる仕組みは不可欠な要素です。しかし、そのことと能力主義の徹底は、まったくの別物なのです。

人間は、二つの願望の間で仕事をしています。

①成長願望

②欠乏願望

の二つです。成長願望とは、自発的に仕事をし、その中で達成感や責任感を持ち、仕事の面白さを体感したいという思いです。その結果、自分自身の成長を実感する喜びでもあります。

欠乏願望とは、明確な方針の下で、給与制度や福利厚生を充実させることによって満たされる願望です。

成長願望を満たすことは、やる気を起こさせる要因になるといわれます。一方の欠乏願望を満たすことは、不満を起こさせない要因になるといわれます。

この二つがスパイラルに絡み合うことで社員は幸福感を感じるし、現場でお客様第一の発想をすることも可能になるのです。

## 利益を投資すべき3点とは

能力主義・成果主義が、欠乏願望だけを優先的に満たす手段になると、社員の判断基準も狂いはじめるようです。

「優先すべき判断は、成果に直結する行動である」

そうなれば、お客様第一主義ではなく、企業はたちまち利益第一主義へと陥っていくものです。

「3年に一度は、利益の過半を自分たちのめざすべき方向に投資したいと考えています」

田中前社長は、決してぶれることなく、おいしい菓子づくりを指向し続けました。

①材料品質向上への投資

②適正価格への投資（原価投資や売価低減）

③社員給与への還元

この3点への投資が、田中前社長が進めてきた仙太郎の「利益目的」です。

企業の品性は利益目的に現われます。とくに、生み出した利益がどこまで、〝自らの真価に投資されるか？〟

という部分は、社員にとっても仕事へのモラルを決める要素となります。

〝掲げていることと実際の行動の一致〟が、ブランド力を高めていくのです。

田中さんは、農業にも力を入れてきました。

〝身土不二〟

という思いのもと、仙太郎大納言小豆を開発し、1・2町歩の自作小豆畑、餅米も1・5町歩の自作田でつくり、主力商品のひとつである〝ぼた餅〟の原料になっているといいます。

原料を見直し、磨き込み、商品品質を上げる不断の努力が、社員やお客様に伝わります。そのために「利益」は必要なのです。

社員給与への投資も、社員こそがよい品質を生み出す資産なのだ、という思いがあるからこそです。日本一の品質をめざすという志に賭けてくれる社員こそが、最大の資産なのです。

「俺のために死ね！　とはいわないけど、俺は君たちのためなら死ねる。社員に胸を張ってそういうのですよ」

人生を賭けるに値する大義名分や志を示されて、自分の成長に傾倒できる仕事に出会えたら幸せです。

幸せとは、人生の中でそんな確信が持てる〝志事〟に打ち込めることではないでしょうか。

田中さんの〝生き様〟そのものに社員は〝志事〟の大切さを感得しているのです。ブランドとは、企業の生き様そのものを指すのかもしれません。

## お客様への最善を選択する

三つ目は、

「理念浸透への執念」

ということです。

「不出来を許さず。その厳しさを常に持つことが大切です。それは、常々現場で伝えることなのです」

原材料への投資という点ですが、仙太郎では、砂糖に至るまで国産材料へと変換しました。すべての原材料を、国産化できる菓子企業はほとんどありません。

コストという一点が壁になるのです。

理念をカタチにしていこうとするとき、二つの大きな壁があります。

①手間

②コスト

です。

〝理念ではたしかにそうだが、今のわが社の規模では不可能だな……〟

そう考えてしまうケースが少なくありません。

お客様のためには、AとBの選択肢でAのほうがよいとわかっていても、手間とコストを考えると、ついBを選択してしまうのです。

たしかに、今すぐにお客様への最善をすべて選択できない場合もあります。しかし、いつまでもそれを社内で黙認していてはいけません。

手間がかかり過ぎてできないこと。コストがかかり過ぎてできないこと。それを残らず書き出してみましょう。

そして、今すぐ着手する、1年以内に着手する、3年以内に着手する。この三つに分けてみてください。必ず、今すぐに手をつけるべきこと、手をつけられることがあるはずです。

お客様への最善の選択。それは、日に日に湧き上がるように書き出していくことができるはずです。それを解決するために、利益が必要かもしれません。しかし、少しの知恵と汗で解決する方法を見つけること。それが企業の力となります。

「企業の成長とは、お客様により喜んでいただく存在になるため、そして、社員の幸せな人生のためにある」

私が、若い経営者によくお伝えすることです。お客様への最善。そこに目をつぶってフタをしてしまうと、企業に嘘が生まれます。

ひとつの理念に対するひとつの嘘は、理念を、そして追求すべき真価を有名無実の、ただの飾りものに変えてしまいます。

〝不出来を許さず〟

その一途さが、企業の緊張感となり、またお客様を魅きつける内なる輝きにもなります。

尊敬される企業。それは、社員のいきいきとした人生と、お客様の喜びこそが自分たちの喜びと思える集団に与えられるものではないでしょうか。

## 真価を磨き続けることで、企業は成長する

「理念と行動の一致の中に、お客様の尊敬心が生まれます。現場が貫くことができる真価を決めて、妥協しないことですね」

私がそうお伝えしたときの、田中氏の笑顔が忘れられません。

企業には、その企業が今存続している要因があります。理由といってもいいでしょう。それが真価です。

真価を磨き続けることが成長を導きます。企業が存続していることに、偶然も幸運もありません。

必然的な理由があるだけです。優秀な人は、自社の、そして自らの真価を上手に把握します。そして、その磨き方を仲間と共有するのです。

「真価は、ときとともに進化しなければならない。時流に適応して、決して劣化しないように進化させることだよ」

菓子、アイスクリームのFC企業として、500億を超える企業体・シャトレーゼを創った斉藤寛社長にそう教えられました。

この真価を明確に理解して、わが社の真価はこれだ、と答えられる経営者は少ないものだよ、ともいわれました。

## "あるべき姿"を決めたら妥協しない

ニューヨークで、今もっとも注目を集める日本食レストラン「MEGU」。フードスコープが経営するMEGUは、2004年に250席でトライベッカー地区に出店し、15億円の初年度売上げを記録しました。

東京・大阪に5店舗展開する「米門」を雛型に、料理は正当的な日本料理ですが、客単価は120ドルを超えています。日本から海外に進出した飲食業としては、稀有の成功例といっていいでしょう。

レストランスペースの中心には氷の仏像が鎮座し、その上には梵鐘が下がっています。氷の仏像は一晩のうちに解け、翌日にはまた新たな氷の仏像が中心に座ります。

レストランスペースの中心に鎮座する氷の仏像
（MEGU・ニューヨーク）

オリエンタルで幻想的な雰囲気の中、エグゼグティブたちが楽しむ様は、日本的文化の発展性まで予感させます。

ＭＥＧＵ1号店のオープンを取り仕切ったのは、ＨＩＲＯ・ＮＩＳＨＩＤＡ・株式会社フードスコープ・アメリカ社長です。今や、世界中から出店要請が来るＭＥＧＵの成功要因を、簡潔にこう語ってくれました。

「中途半端はしないことです。１００パーセント両足で、今のこの仕事に立ち向かう気概を持つことだと思います」

２５０席という規模は初出店のＮＹでは冒険、という声もあったといいます。また、１２０ドルに設定した客単価も、日本料理レストランの流れでいえば20パーセント近く高いものです。

「取るべき客層を決めることです。その客層に絶対に気に入られる店舗をつくるのです。坪当たり投資は、相場の2倍かけています」

あるべき姿を決めたら妥協しない。やはり、成功原則に国による違いはありません。

## センターピンを見誤ってはならない

しかし、と西田さんはいいます。

「MEGUを視察して、いくつかの日本企業がNYに追随して出店しました。しかし、その多くは失敗しています」

センターピンを見ていないからだ、と西田さんは指摘します。センターピンとは何でしょう。

「ボーリングを考えてみてください。どんなにいいコースに球が行っても、センターピンを外したらストライクは取れません。ビジネスにも、外せないセンターピンがあるのです」

真価と同じ、と考えていいでしょう。多くの人たちは、このセンターピンを見誤るのだと、いうのです。

オリエンタルイメージが時流なのだ。いや、一夜にして消えてしまう氷の仏像の儚さがアメリカ人の心を捉えたのだ……。そんなことを、表面的に見てしまいます。

「センターピンですか？　それは、おいしさです。でなければ、すべてはキワモノになってしまうでしょう」

大間の鮪、最高の松坂牛を用意し、日本酒も八海山、醸し人九平次など、どこにも妥協は見られません。たとえアメリカへの出店であっても、センターピンは変わらないのです。

自分たちのセンターピン。その品質レベルに対して、

「全社員が危機意識を共有することが、ＭＥＧＵ成功の最大の秘密だと思います。ＧＭが１人で奮闘して守られるものではないからです」

ＭＥＧＵ同様、仙太郎の田中譲さんは、真価を守り磨き抜くこと、社員の人生を守ることと、あらゆる仕組みを品質という一点に合わせることで、その道筋を示したのです。

〝真価＝センターピンを磨き続ける重要性を全員で共有する〟

その生き様が、お客様の共感を呼ぶのです。

## 目先の時流に逃げてはならない

今、日本中で話題を集めている旭川の旭山動物園は、年間280万人を集客します。とはいえ、一時は閉園の危機に直面していました。

「苦しいときは、つい時流に走ってしまいます。厳しかった78年頃、当時の流行だった、遊園地を併設することになったのです」

小菅正夫園長は、苦境時のひとコマを楽しそうに語ってくれました。

苦しいときは、つい時流にしたがってしまう。そのとおりです。普通に考えればわかることも、危機のときは盲目になってしまいます。

〝短期の楽観、長期の悲観〟

目先の流行にすがるのは、間違いなく将来の危機につながることを意味します。

「お客様は、動物を見に動物園に来ます。誰も、ジェットコースターに乗りに来るわけではありません。遊園地はほかにもあるのですから」

では、はたして動物園の真価とは何か？

小菅園長は、そのことだけを考えながら園長に就任しました。併設した遊園地は、初年度こそ30万人以上の集客をしました。しかし、次年度以降は壊滅的な集客へと落ち込みました。就任は、そんなときだったのです。

「両足で事業に立つことの大切さ」を語る、MEGU西田社長の言葉の意味も理解できます。

小菅園長は、じっくりと動物園にやって来るお客様を観察し、率先して会話もします。その中で、自分たちの真価にきづいたといいます。

「お客様は動物らしい動物を見に来る。動物番組に出てくるような、躍動する動物を見に来るのだ」

動物園の動物は、とても動物番組に出てくるようにはいきません。

「そもそも、働き者の動物なんていないんですよ。夜行性だし、日中は檻の中の動物は寝てばかりいます」

ではどうするのか？　動物園の「真価」は発揮できないだろうか？

〝真価を磨くことに対する非妥協の精神〟

あらゆる事業で、やはり同じ原則なのだと教えられます。

動物園内を行進するペンギン。水槽の中を悠々と泳ぎ回る白熊。そして、巨大な木柱から木柱へと自由に移動していくオランウータン。行動展示といわれるこの形式は、小菅園長の、真価に対する誠実な取り組みから生み出されたのです。

〝見るべからず。観るべし〟

剣豪宮本武蔵の言葉です。

見とは、外見を見ることです。外観から受ける印象を目先で判断することです。

観るとは、外見にとらわれることなく、その内面をうかがうことです。物事の本質を、外見にとらわれることなく見抜きなさい、そのような意味です。

剣の真剣勝負のとき、相手の外見上の動きに戸惑えば、本当の動きを見失うことになります。それは即、死を意味します。

だから、相手の心の内をしっかりと観るのだぞ、という戒めです。

時流に逃げるな。小菅さんのこの教訓は、進化に非妥協であれとの原則の核心に存在するのです。

## 真価が劣化していないか、日々検証しよう

「真価が劣化していれば、間違いなく業績は下がるよ」

シャトレーゼ創業者斉藤寛社長の言葉です。そしてこう続けます。

「では、真価が磨かれているか劣化しているは、誰が判断すると思うかね?」

それは、もちろんお客様です。
①自分たちの理想から見て劣化してないか?
②他社と比較して相対的に劣化してないか?
③時流から見て、お客様の評価軸から劣化していないか?
この三つの視点で、自分たちの真価が劣化していないかを日々検証しなければなりません。しかし、その評価を下すのはお客様にほかなりません。

「あらゆる点で、顧客の声に敏感な企業がお客様満足を実現し、未来に残ることになる」

これは、いつも痛感することです。

〝客観的判断〟

それは、意外とむずかしいもののようです。

故・司馬遼太郎氏は、徳川家康の性格を評してこう書いています。

「勇者は元来、臆病なものである」

企業を見ていても、臆病なまでにお客様の声に敏感な企業は、間違いなくお客様満足経営の道筋に立つことになります。真価を磨くことに対する敏感さといってもいいでしょう。

# 地域で尊敬される企業でありたい

「六花亭さんがいい。六花亭さんなら間違いない。うん！　六花亭さんがいい」

19才のときに聞いたこの言葉が、私を今の職業へと導いたのかもしれないと思うことがあります。

初めて訪れた帯広で、土産を探していたときのことです。右も左もわからない初めての町で、目の前を横切るおばあさんにたずねることにしました。

「あんた、どこから来とんだね？」

値踏みするように私を見ながら、そうたずねられました。東京から、と答えると一瞬の後、冒頭の言葉が出たのです。

ロッカテイ……？　初めて聞くその名を、お菓子屋だと教えてくれて、さらに右手で大きな通りの先を指しました。

「この通りを真っ直ぐ行った右側だよ。大きなお菓子屋さんだからね。ほかにもいろいろあるけど、六花亭さんに行きなさいよ」

このおばあさんは、その六花亭という菓子屋の親戚なのかなと思わせるほど、きっぱりとした口調でした。

何より、「六花亭さん」と、さんづけで呼ばれたのです。20才前の青年にとっては、少々奇異にも思えました。

六花亭本店は、今も同じ大通りの右側に堂々と立っています。買い物経験などない私にとって、とてつもなく大きな店舗に見えました。当時80坪以上はあったでしょうか。そして、驚くほどの品揃えに、興奮のあまり両手でも持ちきれないほどのお土産を買ってしまいました。

さて、駅前に止めた車に戻ろうとエントランスに出たときのことです。

「お客様、ありがとうございました」

振り向くと、小柄で清楚な女性販売員が立っていました。あいまいな笑顔の私に、彼女はこぼれるような笑顔でいいました。

「お車ですか？ 駅前に置かれたのですか？ では、お荷物をお持ちします」

そういって、手を差し出すのです。私はすっかり驚いてしまいました。

いえいえ、力だけは強くて大丈夫ですから、と汗を流しながら懸命に後ずさる私に、

「そうですか、ではお気をつけてお帰りください」

そういいながら、店の外まで見送りに出てくれた彼女に自然に頭を下げて、駅に向かっ

て歩き出しました。

「いゃあ、びっくりした」

それが、正直な感想でした。そんな申し出を受けたのは、初めての体験だったからです。

何気なく振り向くと、数十メートル後ろに、小柄なあの販売員がまだ立っていました。

「お客様、雪雲ですから運転お気をつけて。ありがとうございました」

よく通る声でそういうと、頭を下げ彼女は店内に戻って行きました。

その瞬間、北海道帯広の街中でひとつのことを教えられたのです。

「あのおばあさんが、〝六花亭さん〟と呼んだのは、店が大きいからではない。あんな販売員さんがいるから、〝六花亭さん〟なんだ」

地域には、その地域で尊敬される企業がある。その尊敬心は、現場の人間が生み出すのだ。そんな直感でした。

## 自分たちの仕事に対する緊張感を持ち続けるには

どうせ企業を経営するなら、尊敬される企業でありたい。

そんなことまで、19才の青年に思わせる鮮烈な印象でした。もう30年も昔の、六花亭製菓は、菓子王国北海道をリードする和洋菓子製造小売企業になりました。

ホワイトチョコレート、マルセイバターサンド、そして最近では、02年に登場して大ヒットした霜だたみ。次々とヒット商品を生み出し、マルセイバターサンドは、70億円を超える単品として、北海道No.1単品になっています。

六花亭は、北海道内人気企業ランキングで常にトップクラスに位置し、圧倒的に高いブランド力を持っています。何より、高い顧客満足度を実現し、尊敬される企業として、私自身も尊敬している企業です。

強い企業は、ピンと張り詰めた緊張感が現場に漂っています。今の自分たちの一挙手一投足が、お客様を創造しているのだという自覚と願いが緊張感として伝わるからでしょう。

「店長の仕事とは何でしょうか?」

よく現場のリーダーに投げかける質問です。すると、さまざまな答えが返ってきます。仕事の目的でいえば、もちろんお客様に喜んでいただくことです。そして店長には、その一点を、責任を持って結実させる義務があるのです。

「お帰りになるお客様をエントランスまでお見送りして、いらっしゃったときより大きな笑顔でお帰りになっているかどうかを確認するのですよ」

そのように、店長にお伝えします。

自分たちの仕事に対する緊張感。どんなときでも、仕事の目的を最優先に考え、お客様の都合を最優先に行動できる、プロフェッショナルとしての気概を持ち続ける。

緊張感を持ち続けるということは、楽なことではありません。とはいえ、

〝どんなときも、お客様に喜んでいただけることだけを考え続けている企業文化〟をつくり上げることができれば、その緊張感は現場社員にとっての楽しさに変わります。

六花亭の店舗を訪ねたときに感じる濃密な緊張感は、六花亭というブランドの文化そのものではないか、とも思います。

## お客様は、企業のどこを見ているか

「お客様との約束、そして自らがめざすベクトルを社員やお客様と共有し、日々確認し合える企業」

文化、というとたいへん広い意味になりますが、言葉に置き換えるとそのようなことでしょう。

今は、

〝共鳴・共感の時代〟

です。お客様が見ているのは、商品であって商品ではありません。サービスであってサービスではないのです。繰り返し述べているように、企業の哲学であり理念なのです。掲げられている理念や企業哲学に、商品とサービスを重ね合わせて、そこに矛盾がないか？　嘘はないか？　と実感で精査しているのです。

〝地球環境保護のため、簡易包装にご協力ください〟

そんな表示がレジ前に置いてある店舗があります。

ではその企業は、環境保護にどの程度の貢献活動をしているのか？

お客様は暗黙のうちに、その検証をします。もちろん、日常の直感からです。

その企業の配送車は、停車時にアイドリングストップをしているか？　燃費の悪い車や走り方ではないか？　経営者は、ハイブリット車に乗っているか？

小さな矛盾は、その企業の理念や経営に対する大きな疑念になります。

「どんなご要望もお申しつけください」

そんな表示がありながら、特別製のバースデーケーキを依頼すると、

「お客様、１週間前にご注文をいただかないと無理です」

と答えてしまえば、経営者の正しさに対する疑いになります。

## 「なじみ客」になりたいという思い

一方、発信している約束や、お客様第一という企業常識に対して、期待を超えた対応があれば共感になります。

19才の私が感動し、そして未だにそのブランドのファンであり続けるように、

「あの会社は、たいしたものだ」

その思いは、時間の中で熟成し、共鳴感へと進化します。それは、

「あの会社のお客様でいたい」

という思いです。

共感・共鳴の時代は、「なじみの時代」でもあります。共感できる企業の、なじみ客になりたい、とお客様が思う時代なのです。

「私は、あの店の昔からのなじみでね。いや、経営者もよく知っているが、なかなかたいした人だよ」

その会社・店舗の常連であること、なじみであることを語りたいお客様が、増え続けているのです。

商品、そして企業に対する選択眼が、その人間のセンスや生き方のかっこよさ、正しさを証明することにもなります。日本人は、深くそのことを自覚してきた民族です。

単なるブランド好きが、日本人の性格としてあるわけではないのです。

〝よい品は、よい考えから生まれる〟

そのことを知り、誰がつくり、誰が売っているかを重視しているのです。

〝恥の文化〟を持つ日本では、自分の銘を証としてつけた刃や鍬を、つくり手が適当につくるはずがない、という暗黙の了解がありました。

ですから、秀でた匠が尊敬されてきたのです。

「品質とは、その人間の生き様から生み出される」

と知っていたからこそ、よいモノをつくる匠を尊敬し、ブランドに付加価値を見出すという文化が育まれたともいえるでしょう。

よい選択をすることは、選択者の生き様をも証明することでした。私はあの人を尊敬するからこそ、このブランドを選択する、ともいえるからです。

よい店、よい企業の「なじみ客」になりたいという思いは、そんな日本人の歴史的背景から生まれるものです。

関の孫六、世界最初の百貨店「越後屋」、利休が目ききをした器、松下幸之助翁が築いた松下電器……。

日本人が認めてきた付加価値は、尊敬心、信頼感、その人間への共感から生まれてきたものです。

その中核が、

〝矛盾のない経営と現場品質〟

つまり一貫性にあります。

## 六花亭の無制限返品制度

六花亭の店舗に入ります。六花亭の店舗は、すでに50店舗を超えて、北海道7都市に展開されています。そこで驚くことは、二つとして同じスタイルがないということです。

面積的制約のある百貨店テナントは類似性がありますが、とくに路面店においては見事です。

一度成功した店舗を、判で押したように繰り返しつくり続ける企業が多い中で、特異な例だと感心させられます。

企業にとって恐いのは、

〝成功体験の逆襲〟

に遭うことです。一度の成功をモデルとして繰り返すと、その品質は必ず劣化していきます。

しかし、やっている方はそのことに気づきません。そこから、衰退していく企業を数多く見てきました。六花亭の店舗を見ていると、まるでそのことを戒めているようにも感じます。その地域・背景に適合した店舗づくりを、小田豊社長が大切にしているからでしょう。

店舗に入ると、どの店舗にも同じ銘板が掲げられています。

日本の食品企業で一番早く実現した、

〝無制限返品制度〟

の銘板です。

「商品について、もし気に入らないことがあれば返品返金を致します」

そう宣言しているのです。

六花亭店舗

そして六花亭が考える、〝よい食品の条件〟が五ヶ条続きます。自分たちがお客様に対して追求すべき品質、そしてその品質に対する責任を明示しているのです。

米国のウォルマートやノードストロームによって、日本でも知られるようになった無制限返品制度。最近はこれを導入する企業も増えましたが、有機的に機能している企業は少ないようです。

「無制限返品制度は導入すべきでしょうか?」

そんな質問もよく受けました。そのたびに、無制限返品制度は企業理念のひとつの窓に過ぎない、とお伝えしてきました。

お客様第一主義という理念を、どのような形で実践するかは、企業によって異なっていいのです。時流だから導入するべきか？　そういった質問にはＮＯ！　とお伝えしました。

六花亭は、お客様第一主義の実践のひとつとして無制限返品制度を導入し、しかも自分たちが追求する品質基準をそこに示しました。そこには、品質追求への厳しさを見て取ることができます。

品質、という言葉を何度も使いますが、めざすべき品質自体、これも企業によって異なります。単なる、掛け言葉としての品質基準を示すべきではありません。

さて、無制限返品制度は、お客様の声になりにくかった不満を拾い上げるセンサーでもあります。

店内での購入時点の満足ではなく、購入後満足まで保証する仕組みです。ともすると、お客様の我慢の中へと消えていった不満や課題を顕在化させる仕組みでもあります。

## 現場情報に対する緊張感を持続させる仕組み

六花亭の企業文化の背景にある緊張感。さらにお客様満足を追求し、全社員をその一点

に集中させる仕組みとして、

〝1日1情報〟

があります。

全社員、1日1件は、お客様の声、現場で感じた改善事項を会社に提出する。それが、1日1情報です。

驚くのは、小田豊社長が毎日その情報に目を通し、大切な声は、日刊社内報である「日刊六輪」に取り上げていることです。

現場情報への敏感さ、お客様の声に対する緊張感。企業が大きくなるプロセスで、どうしても失われていくことでもあります。

1日1情報の類型を、仕組みとして持つ企業は少なくありません。しかし、仕組みはつくっても、有効に活かされている企業は数えるほどです。

〝経営者の顧客の声に対する飽くなき情熱〟

その血流があって、初めて企業内に定着するものです。

「1日1情報を見ることで、社員の意識、成長までわかるものです」

小田豊社長は、そう語っていました。たしかに社員の意識とは、お客様にお喜びいただくことへの意識そのものだからでしょう。

この仕組みを活かしているのは、日刊六輪の存在です。

1　お客様の声の社内流通
2　社員一人ひとりの視点への評価
3　リアルタイムでの課題把握

この三点が伴うことで、より深いお客様の声に対する緊張感が育まれていきます。

小田豊社長は二代目として、１３００名を超える社員を率いています。

1日1情報の提出率は60パーセント前後と聞いています。1日に目を通す情報としては相当な量です。

多くの二代目、三代目は、現場での緊張感をつくることに苦労します。小田社長は、自ら経営において何が一番大切かを、身をもって示しているのです。

企業の真価＝センターピンを、どのようにして守っていくか、というその一点を。

あなたの企業で、一番大切なことは何でしょうか？

そうたずねると、一瞬躊躇した後、何点も大切なことを挙げる幹部に出会います。一番大切なことを絞り込めていない企業では、お客様満足の実践が雲散霧消してしまうケースが少なくありません。

真価は何か？

この答えをトップ以下、現場第一線までの社員が共有できている企業は、間違いなく強い。

これは、現場コンサルティングでの実感です。

なぜなら、

〝経営理念を、現場行動として実践できている企業は自ずと真価が高まる〟ものだからです。

「あなたの会社のお客様第一主義は、何を実践することですか？」

こう、自らに質問してみてください。

どんな答えが返ってくるでしょうか。

この答えが、磨き抜くべき真価なのです。

# 第5章 お客様満足を追求しよう

【スチュー・レオナード】

# 常識を否定し、3倍のハードルを超える

「仕事とは、違いをつくり上げることだ」

20世紀の文明は、米国デトロイトとその周辺から産声をあげました。発明王エジソン、世界初の飛行に成功したライト兄弟、そして自動車を大衆のものにしたヘンリー・フォード。彼らは、広い米国の中の本当に狭いエリアで研究をしていました。人材は群生する。歴史を振り返るときに気づくことです。時代をつくる人たちは、お互いに触発し合い、ひとつの地域の中で育まれるのです。エジソン、ライト兄弟、ヘンリー・フォード。この3人にも同じことがいえます。

仕事とは何か? それは、他者が決して真似のできない違いをつくることではないか。ヘンリー・フォードの言葉です。

二度にわたる自動車メーカー経営の失敗。彼はそのつど、

「失敗は次の挑戦へのスタートにすぎない。新しい成功の方法を見つけるステップである」

そう自分にいい聞かせ、自動車の大衆化に挑みました。1907年、フォードはさまざ

まなコスト削減案を練り上げて、T型を完成させました。

1890年代、自動車は800から900ドルが下限の価格でした。ヘンリー・フォードは、ひとつのゴールを先に定めてT型を完成させたのです。

「常識は否定すべきだ。そのゴールは、3倍のハードルを超えるゴールであるべきだ」

その言葉通り、T型は当時として驚異の、300ドル台という価格で発売されました。

「目標は高く掲げよ。そしてあきらめることなく挑戦せよ」

ヘンリー・フォードの人生哲学が、T型フォードに結実したといっていいでしょう。このT型フォードは、1928年までの20年間で1500万台を販売します。そしてフォード自動車は、世界最強の企業へと成長していきました。

ヘンリー・フォードが自動車工業の道を選び、やがて世界の自動車業界の草分けとなったのは、あるひとつの出来事がきっかけでした。

彼は子供の頃、畑の畦道でエンジンが故障している蒸気機関の耕運機を見かけます。大人たちが、悩みながら修繕しては失敗するのを横目に、フォードはたちまちその耕運機を直してしまったのです。

君は器用だね。将来必ず、機械技師になりなさい。絶対に成功するから。

そのときの言葉が、自分を自動車産業へと導いたのだ、とフォードは語っています。

デトロイトの郊外に、ヘンリー・フォード博物館があります。ヘンリー・フォードの業績、フォード自動車の歴史、そして、20世紀文明から生み出された、あらゆる工業製品が陳列されていて、3日いても飽きることはありません。

その一角に、フォードを自動車産業へと導いた、その耕運機が陳列されています。

「興奮できる何かを、人生の中で見つけなさい。それが原点になる。そして見つけたら追い続けなさい」

その言葉とともに。

フォード自動車の成功も、3倍のゴール、つまり3分の1の価格で大衆車をつくることを追求していく中で導かれたのです。

「大衆の利益は企業の利益である」

この理念のもと、「より安く」という一点を追い求めて実現したのです。それが、成功の原動力であったことは間違いありません。

より安く、大衆の「利便性」を実現する。

そのために、T型フォードは単品大量生産の道を突き進みます。ボディーカラーやオプションは極力抑え、コストのかかる構造には手をつけない。

T型フォードは、生産開始から20年が経過しても、雨が吹き込む開放型のキャブ。そして、ボディーカラーもほとんどが黒一色。スタイルも基本的にはひとつでした。

そこに、フォード自動車の大きな弱点がありました。しかし、「顧客の要望は何か？ それは、より便利でより安いこと。これがT型に現われている」

その自信が、ヘンリー・フォードには満ち溢れていたのです。

## 創業原点は進化する

フォード自動車の成功を横目に、いつかは逆転するぞ！ そう牙を研いでいる企業がありました。GMです。

GMは、同じデトロイトにある気鋭の自動車のメーカーでした。とはいえ、1923年の生産台数比は、フォード180万台に対してGMは20万台と、大きな開きがありました。

逆転の道筋。そのためにGMは1921年、世界初の部署をつくります。それが、

〝顧客心理調査課〟

です。この部署の最大の仕事は、T型フォードの所有者を訪問し、ひとつの質問をすることでした。

「T型フォードに乗って、何かご不便やご不快はありませんか？ ぜひ教えてください」

車の大衆化は一順し、人々はより快適な車生活を求めはじめていた頃でした。雨に濡れたくはない。おしゃれなデザインはないか？ 車のボディーカラーも浮き立つような色がいい等々。

顧客の欲求は、消費体験の中で確実に進化していきます。

より安く便利な車。その欲求は、間違いなく原点です。ヘンリー・フォードが追求した、創業原点そのものです。

しかし、「便利な」道具である車は、「快適に移動できる便利な道具」へと、その原点が進化していることに、フォードは気づかなかったのです。

「何もしない。それが一番の罪悪だ」

常々そう語っていたフォードですら、少なからず自らに満足していたのでしょうか？

〝満足とは腐敗である〟

この言葉の重さを27年、フォードは知らされます。

ＧＭが、T型フォードの欠点をすべて補うことを謳い文句とした「シボレー」を発売したのです。

26年の販売台数比は、フォード１３５万台に対してＧＭが55万台。明らかに、T型フォードの単品一品主義から、お客が離れつつあるときでしたが、フォードは圧倒的優位に立っていました。

しかし、一夜にしてフォードは奈落の底へと落とされたのです。

27年。フォード38万台、GM175万台。たちまち、フォード自動車は苦境に陥ります。

「労働者への支払いはコストではない。能力、モラル、ロイヤリティへの投資なのだ」

その信念のもと、14年には賃金倍増を発表。それまでの日給2・5ドルを5ドルへと上げたフォードは一転、レイオフへと走らざるを得なくなりました。その結果、激しい労働争議にも巻き込まれます。

## 成功体験に逆襲される

苦境の中で、フォードはひとつの打開策を打ち出します。

「T型フォードの価格を20パーセント下げよ」

人間は、成功体験を糧として生きていきます。ヘンリー・フォードが世界の自動車王と呼ばれ、大統領候補にまで昇りつめたのは、少年期の体験、そして農夫の言葉によってです。

しかし、ときとして人間や企業は、成功体験に逆襲されます。このときのヘンリー・フォードは、まさにそれでした。

T型フォードは、さらに販売台数を落とし、遂に生産を中止してしまいます。

一方のGMは、シボレーに何と86ものオプションを用意して広告を打ちます。スポーツカータイプ、ワゴンタイプ、多人数セダン……。

1929年、フォードはA型を大々的に市場に投入。GMとフォード二強のシェア競争が続きます。大恐慌、そして世界大戦。フォード自身、多くのことを学びながら、時代は移り変わっていきました。

## 顧客の欲求は高度化し、進化し続ける

「顧客の成長に気づかないとき、業績は壊滅的なものになる」

その回想は、ヘンリー・フォードの本音でしょう。

〝顧客は成長している。われわれは成長しているか？〟

あらゆる場面で、顧客の欲求は高度化していきます。とすると、競合との絶対差を生み出そうとする場合は、GMのようにその軸足を〝お客様の声〟に置くべきです。

よりよいものをより安く。

大衆の利益は企業の利益である、というスタンスを理念の核心に置いていたヘンリー・フォードは、大きな成功を収めました。よりよいものをより適価で。この本質は、どんな時代も変わらないでしょう。

しかし、

〝基本欲求は不変である。しかし、品質欲求は進化し続ける〟

のです。この一点も不変の定理だと思います。

「夢を追いなさい。しかし状況は変化する。未来に視線を向けていなさい」

ヘンリー・フォード博物館の学芸員に、ヘンリー・フォードが子孫に残した言葉をたずねたとき、そう教えられました。

未来に視線を。その未来とは、間違いなくお客様の声への真摯な対応から生まれてきます。

# 「どんなときでもお客様は正しい」という原点

ニューヨークから車で80分。コネチカット州に、世界最大のスーパーマーケット（ＳＭ）があります。年商２５０億円近く売る、スチュー・レオナード本店です。

その店頭に立つとき、初めて訪ねた人は驚きの声をあげます。重さ2トンの巨石が置かれているのです。

〝ポリシー・ストーン〟

スチュー・レオナードの経営理念を刻み込んだ巨石です。

「私が死んでも、この巨石は残る。そう思ってこの言葉を刻んで、この入口に据えたのです」

すでに90才近い創業者、スチュー・レオナード氏にその言葉を聞いたとき、思いの深さに打たれました。その石にはこう刻まれています。

Rule 1　The Customer is always right.

Rule 2　If the Customer is ever wrong, reread rule 1.

われわれの顧客は常に正しい。もし顧客が間違っていると思うときがあれば、お客様は常に正しい、というルールに戻りなさい。

つまり、どんなときでもお客様は正しい、という原点から離れてはならない、と刻まれているのです。

スチュー・レオナードは、牛乳の宅配業として1966年にスタートしました。その後、1969年に小さなSMを創業の地にオープン。商品ライン数を増やしながら増床を続け、17000スクエアフィート（5000坪）で250億円を売る、現在の超繁昌店をつくり上げたのです。

スチュー・レオナードの
“ポリシー・ストーン”

その創業時の、ある出来事がスチュー・レオナード氏の理念を生みました。

ある日、スチュー・レオナード氏は、卵を返品に来ていた1人の老婆に出会います。彼が返品の理由をたずねると、傷んでいるからとのこと。しかし、どう見ても傷んでいるようには見えませんでした。そのことを口にすると、彼が一生忘れることのできない言葉を残して老婆は立ち去っていきました。

「そうかい。私は、わざわざ6マイルも車で走って、あなたにそのことを教えに来たんだよ。わかった。もう二度と来ない」

数刻の後、大きな後悔が彼を襲ったといいます。

あの卵が傷んでいたかどうかではない。あの老婆がそのことを伝えに来てくれた事実を、どうして大事にできなかったのか……！

すぐに席を立つと彼は石材店へと向かい、その場にあった一番大きな石を店員に運ばせます。そしてそのときの思いを、ルール1、ルール2に託して刻んだのです。

「お客様の声への姿勢。それが企業の品質そのものだ、と私も思っています」

二代目、スチュー・レオナード・Jr.は、そう語ってくれたことがあります。創業者の思いは、着実に後継者へと継承されているのです。

## お客様こそ、自分たちのボス

店内に入るとそこには、「スーパーマーケットのディズニーランド」と呼ばれる楽しい空間が拡がっています。

創業者の原点は〝お客様満足〟、ただその一点にあります。そして、その原点はあますところなく売場自体にも活きています。

オレンジの売場の天井空間では、オレンジ人形が歌っています。牛乳の売場は、創業原点を伝えるように、パック詰めラインが見え、牛の人形が楽しげな声をあげています。

至るところに、子供たちを楽しませる仕掛けがあります。売場は、エンターテイメント空間だ、という発想にもとづいているからです。

「大切なことは、繰り返し繰り返し来ていただけること。そして一生涯、この店のお客様でいてくださることです」

スチュー・レオナードの幹部は、口を揃えてそう語ります。そして、

「私たちは毎日の仕事を、よりよい人生のために成長する場ととらえています。お客様に喜んでいただくために成長する」

それが、自分たちの誇りでもある、とスチュー・レオナード・Jr．も語ります。

その道筋、自分たちが成長し、お客様に喜んでいただくためには何が大切か？

「第一に、お客様が自分たちのボスだと考えて、お客様の要望の実現にチャレンジすることです」

My Boss is Customer!

その発想を具体化することを、Ｊｒ．は第一に挙げます。

多くの企業は、利益を自分たちの主人であると錯覚する。現場で、何をすべきか悩んだときに確認し合う言葉があるといいます。

「Your Boss is profit !?」

あなたのボスは、利益かい？

そう問いかけ合うと、正気に戻るのだというのです。

「複数のお客様の声には必ず対応します。そのとき、コストや手間を問うことはありません。利益は、必ず返ってくるものだからです」

この哲学は二代に渡って、いやあのポリシーストーンが存在し続ける限り、変わることはないでしょう。

## お客様の声を経営に活かす三つの仕組み

仕組みとして、お客様の声を経営に活かすために、三つのことが実践されています。

①フォーカス・グループ

売場でお客様を25人選び、会議室で売場・商品・サービスに対する意見を開く会。月1度実施し、全マネージャーが参加する。

フォーカス・グループで教えられたことは、必ず実施することがルールである。

②サゼッション・ボックス（提案箱）

レジを終えると、正面に大きなサゼッション・ボックスコーナーがあります。Jr．が耳に手を当てて、「ご意見をお聞かせください」と語りかけているコーナー。記入用紙は自由記入方式です。

この提案箱自体は、多くの現場で目にします。上手に運用できている企業とそうではない企業の差があるようです。

その鍵は、

〝お客様の声を、徹底して活かす意思〟

にあります。その意思は、間違いなくスピードに現われます。

スチューでは、前日に提案された内容を、翌朝10時にタイプに打って全マネージャーに配信します。そのうえで、2時間以内にお客様の提案への対応を決めて、トップに報告しなければなりません。

六花亭の1日1情報も同じですが、情報は活用される意志のある所に集まります。日刊六輪で翌日には、重要な意見が取り上げられるのですから、社員にすれば、自分たちの情報の重要性がわかります。

意思はスピードに現われるとは、そのようなことです。スピードが、情報感度を高めるといってもいいでしょう。

スチューのサゼッション・ボックスには1日に100件以上のお客様からの提案が寄せられます。来店客比率で1・5パーセントです。

これは、「自分の声がどのように活かされるのだろうか？」

提案したお客様が、必ず持つ期待に応えているからこその高率なのです。採用された提案は、お客様に直接、社長名で連絡と御礼が届きます。

「どんな提案であれ、1ヶ月は必ずチャレンジします。お客様にとって、変化こそが興奮です。その変化は、お客様の声に沿って忠実に進むことで可能になります」

変化という改善を積み重ねる。それは、10万人の週間客数の声に耳を貸せばよい。ルールを上手に単純化しています。

多くの現場で、ホコリをかぶっている提案箱も目にします。

「お客様の声こそ、私たちの指針です」

などと書いてある企業は多いのです。しかし寂しそうな提案箱は、その企業の情報感度の低さとかけ声倒れの証明にほかなりません。

「せめて毎日、提案箱、お客様の声の箱を開けましょう。たった1件でいい。その1件を実現するために全員で知恵を絞りましょう」

ときとして、現場でそうお伝えすることすらあります。

③1アイデア・トリップ

社員こそ第一の顧客である。

その事実をしっかりと認識しなければ、とJr.はいいます。

社員が、お客様の視線で繁昌店を視察して、必ずひとつのよいアイデアを持ち帰る。それが1アイデア・トリップです。

各マネージャーの許可のもと、頻繁に実施されます。たしかに、情報感度を上げるためには、

「お客様の目線に立ち帰る機会」

を多くつくることが有効です。

この1アイデア・トリップ（ひとつのヒントを持ち帰る小さな旅）にはルールがあります。必ずひとつのアイデアを持ち帰り、72時間以内に実施するというルールです。ここで

もやはり、スピードが重視されています。

これはいい！　その興奮も、日常の業務に戻って時間が経つと覚めてしまいます。お客様の視線から外れてしまうこともあります。

実施事項には残留条件、つまりそのアイデアを継続して実施するか止めるか、の条件が定められています。

週に100ドルの粗利アップに貢献する。これが条件です。

スチューを見ていて感心することは、ルールが単純明解で、なおかつ実施レベルが精密に決められていることです。

たとえば、週100ドルの粗利獲得がアイデア残留の条件と決めていないと、いつの間にかなし崩し的に無基準で止めてしまったり、ダラダラと成果もなく続けられてしまうこともあります。

このような状況は、決められたことを守らなくてもよい、という企業文化につながります。それは、企業衰退の最大要因のひとつです。

お客様との約束や理念の実践すら、なし崩しに破られていくことにもつながります。企業の信頼価値、ブランドの崩壊へとつながる小さなほころびです。

〝お客様が喜ぶことを探して実施する。それを、粗利という指標で計測する〟

そのルールの中に、1アイデア・トリップの目的が再認識できるのです。お客様の声への姿勢こそが、企業の品質を決定づける。このJr.の発想は、スチューの企業文化を、より強固なものに高めているように思えます。

## 再来店要因の80パーセントは社員の姿勢で決まる

悪い品質をよいサービスがカバーすることはありません。しかし、よい品質だから売れ続けるわけでもありません。

「よいサービスとは、よい品質を納得していただくプロセスだと思います」

Jr.の視線は的確です。よいサービスを伴うことが、よい品質を実感して理解・納得していただく道程なのだというのです。

「お客様に再度来店していただくために、少しでも改善点があればお聞きして実践し、改善する。その態度が、再来店の8割を決めることになると思っています」

Attitude。Jr.は、この言葉をよく使いますが、態度と訳せばよいでしょう。Jr.の思いを受けていえば、

〝働く姿勢〟

ということになります。

再来店要因の80パーセントが、その企業、そしてそこで働く社員の姿勢によって決まる。そのとおりです。

その働く姿勢は、顧客の声を聞く対応や態度に表われるのです。

「簡単なことです。悪い態度は悪い結果しかもたらさない。それだけですよ」

働く姿勢。その大切な要因の第一として、チームワークが挙げられます。

たとえ自分のセクションでなくても、お客様からの声があれば迅速に、そのお客様のために動けるか？　気づいたことがあれば、そのセクションに気持ちを込めてアドバイスができるか？

「決して簡単ではありませんが、認め合い、励まし合える文化を社内につくることが基本です」

Ｊｒ．はそういいます。

## 経営幹部の現場での役割とは

経営幹部は、常に現場にいます。それは、監視するためではありません。よい働き、よい仕事ぶりや対応を発見するためです。

その現場を見つけると、その場で食事券を渡す場合もあります。その食事券の裏には必ず、何がよかったのか？　その理由と感謝の言葉が書き込まれています。

部門マネージャーの一番の仕事かもしれません。これもやはり、その場で即時に実施されるのです。スピードが、より大きな感動となります。

①今月のスーパースター

②ＡＢＣ賞（職域の範囲を超えて期待以上の働きをした人への賞）

③ＶＩＰ（年間最優秀社員）

など、さまざまな報奨もあります。幹部・マネージャーが現場を回る中で、よい行動・態度を見ながら決めていくため、納得性も高くなります。

④顧客が選ぶベスト社員

これは、お客様からの投票で決められます。

店内の壁面には、年間最優秀社員の写真がずらりと掲げられています。

認め合い、励まし合う風土や文化をつくるのは、トップや幹部が率先しなければ不可能です。チームワークは、そこから生まれてきます。

「自分の力以上に、望むことに挑戦できる会社だ。そう社員が思ってくれたら、強い企業になると思うのです」

社員との面談も、幹部の仕事です。年2回は、全社員が幹部との面談の時間を持ちます。そこで話し合うのは、未来の自分の仕事に対する希望です。

夢は何か？　どんな能力をつけたいのか？　何を学びたいのか？

個々人のキャリア希望がすべて叶うわけではありません。しかし、道が閉ざされることはありません。

「よい人生をスチューで送る。それは、与えられるものではないのです。お客様に喜んでいただく、そのたったひとつの仕事に、全員が参加して勝ち取っていくのです」

〝WAY　OF　LIFE〟

その言葉が、社員からも頻繁に出てきます。

「自分たちは、よりよい人生のためにたったひとつの道を歩いています。それは、お客様に喜んでいただくという一本道です」

## お客様の声に挑戦し続ける喜び

お客様の声に耳を傾ける。そして、お客様は常に正しいという前提に立って、お客様の声を実現しようとする。

たいへんではないのだろうか？ お客様からの無理難題もやって来るのではないか？ そう考えてしまいます。

「それに挑戦する。それは喜びではないでしょうか？ むずかしい要望であればあるほど、実現する努力は自らを成長させるでしょう」

むずかしい要望を叶える喜び。すると、もっと高度な要望が必ずやって来る。

「寿司の握りたて実演売場を、という希望がありました。職人を探して売場を変更して、実演ブースをつくったのです」

その結果、売上アップにつながった。すると、また要望が来ました。

「生の、本物のワサビがほしい、という声です。いろいろと調べました。産地、種類、そして鮮度の維持。まったく初めてのことでしたから」

惣菜売場だけでなく、青果野菜売場の人間も参加して論議を重ねたといいます。谷川のように小石を敷いて水を流した中に並べる……。

「大好評でした。日本からの輸入ですからコストはかかります。しかし、コストは関係ありません。お客様の喜び、それを社員が創り出したという事実が大切なのです」

お客様からの要望を叶え続ける。その中で社員、そしてお客様の生活・知性・楽しさも成長していくのです。

社員の成長とお客様の喜びが、スパイラルに右上がりに上昇していきます。それこそが、企業の成長の本質ではないでしょうか？

エデュケイテッド・カスタマー。これは、高い教育を受けた顧客という意味です。

## 企業間格差を生む最大の要因

私たちは、さまざまな生活体験をしてきました。世界中のあらゆる場所に出かけ、世界一の高水準にある日本旅館のサービスも体験すると同時に、世界レベルのサービスも体験もしています。

商品情報は溢れ、こだわり商品に関する書籍や雑誌が大好評です。まさしく、消費体験において、世界一のエデュケイテッド・カスタマーといっていいでしょう。企業に対する要求レベルは高い。しかし、積極的にその要求や嗜好を口にする民族性ではありません。

ここに、企業間の格差が生まれる最大の要因があります。いいたいこと、希望したいことが溜まっているお客様から、その声を引き出せる企業と、そうでない企業。その差は膨大な成長率の差を生みます。

お客様が望んだこと、要求したいことがいえる関係づくりに成功した現場と、そうではない現場。ここにも大きな差が生まれます。

今のお客様の特性を、

①進化する顧客
②荒れる顧客
③ボランティア化する顧客
④なじみになりたい顧客

という、四つの分類で考えられます。

さまざまなことを体験して、インターネット情報や通販を利用しつつ、消費行動を多元化しているお客様。その消費体験は日を追うごとに進化しているし、より高い満足度を求めます。

ですから、④のなじみになりたい顧客も増えるのです。

寿司屋の常連になり、

「おやじさん、何かおいしいものを食べさせてよ」

「はいよ！　いつもありがとうね。貝が好きだったよね。じゃあ、今日入った、とってお
きの青柳、これひとつしかないけど」

「青柳は、何で青柳っていうの？」

「いい質問だね。それはね……」

そんな会話に、20代の頃から憧れるのです。

## お客様の要望を叶える姿勢が社員を進化させる

一方で、溜まっている自分の要望や希望を口に出さずにいると、それはやがて不満にな
ります。そして、ある瞬間に大きく爆発することになります。

荒れるお客様は、そんなプロセスから生まれます。

一方で、自分の要望を聞いてくれて、なじみ客的な個別対応をしてくれる店舗や企業には絶対的な信頼感を持ちます。そして、口コミで周辺のお客様に広めてくれるようにもなります。

忙しいときには、さりげなく手伝ってくれることすらあります。そして、アドバイスや忠告までしてくれるようになっていきます。

これが、ボランティア化する顧客です。

大きな鍵は、

〝お客の要望を聞いて叶えてくれる。この企業とともに生活していることが自らの成長にもなる〟

と思っていただくことです。

お客様の要望を叶える努力は、間違いなくお客様の暮らしや欲求を進化させます。その進化は、社員の知識や知性をも進化させせます。

そのこと自体を、自分自身の喜びとする。そんな社員集団が、お客様を生涯顧客にしていくのです。

逆に、自分の要望を叶えてくれない、また新しい喜びを提供してくれるわけでもない、

〝つまらない企業〟

からは、お客様は間違いなく卒業して行ってしまいます。

そして、卒業したお客様は決して戻って来ることはありません。

一人ひとりのお客様に対して、個別の要望を把握して、進化する嗜好に対して提案ができる。そんな企業であれば、生涯のつき合いが可能となります。自分のすばらしい暮らし、満ち足りた人生のパートナーとしての企業であれば、決して卒業されることはありません。

「社員が自分の知性を磨いて知識を蓄える。それが、お客様の喜びにつながることを知れば、うれしいでしょう。お客様とともに成長し合える人生を、全員で過ごしたいのです」

## すべては、〝お客様満足を追求する情熱〟からはじまる

スチュー本店の入口にあるポリシーストーンを見ながら、Ｊr．とそんな話をしました。

そのとき、額に入っている色紙をＪr．が指しました。

「めざすもの、それは Quality of Life」

と真ん中に書かれたその色紙。そこには、社員全員のサインが書かれています。

「お客様の満足を追求する。それは、自分自身の人生を豊かにすることそのものなのです。豊かな人生のパートナーがお客様なのです」

Quality of Life = 豊かなすばらしい人生

企業とは、社員が幸せになる「機関」である、といつも思います。

その機関を動かす燃料は、

〝お客様満足を追求する情熱である〟

と教えられます。すべてのスタートは、そこからはじまるのです。

幸せとは、幸せな人生を過ごしている実感。それは、誰かの役に立ち、いつも誰かが自分のことを思い必要としている。その実感が幸せ感を生みます。

そんな幸せを実現する環境を、企業はつくり続けることです。

「人生のひとコマとして仕事があるのではない。仕事の中にこそ、すばらしい人生の道が伸びていくのです」

いつもそう話をしています。

〝知性の時代〟。仕事の中にこそ人生があるという社員の考え方と努力が、お客様を引きつけて止まない魅力になります。

# 〝経時進化をめざす企業〟でありたい

〝年間客数の１パーセントのお客様の声を集めましょう。そして、真剣にその要望を叶える努力を企業活動の中心に置きましょう〟

お客様の声に耳を閉ざすことは簡単です。自分たちの都合や理論だけで経営を進めることができるからです。

余計な手間やコストもかかりません。

しかしその企業は、やがて劣化していきます。万物は、時間の経過の中で劣化し、朽ちる方向へと向かいます。これはこの世の摂理です。

しかし、人間性や人間が創り上げた企業は、時間とともに進化し続けることができます。そして、本物と呼ばれるものも、時間の経過を味方につけることができるのです。

法隆寺の五重塔、東大寺の南大門。そして、経時進化の意味を強く教えられた、岡山県和気郡にある旧池田藩校である閑谷学校。

手間をかけ慈しまれたものは、間違いなく時間の経過を味方とし、時間を風格や威厳へと転換していきます。

〝経時進化をめざす企業でありたい〟

強くそう思います。

そしてその根本は、お客様と企業、お客様と社員の関係を、より深めることにありそうです。

つき合えばつき合うほど、自分のことを深く理解してくれる企業。つき合うほど、自分の要望を深く叶えてくれる企業。

それは、お客様が自分に合う企業へと、企業をカスタマイズしたことになるでしょう。

## お客様の声への姿勢が口コミを生む

「わからないことは、お客様にたずねたらいい」

これは、船井幸雄先生から教えられたことです。その教えを受けて、多くの企業にモニター会を実施していただくようになりました。

スチューでいう「フォーカス・カスタマー」と同じです。

店舗をオープンする際は、6ヶ月ほど前から20名のモニターさんを集めて、新しい店舗への要望をお聞きします。

店舗づくり、品揃え、広告内容、そしてユニフォームに至るまで、ご意見を出していただきます。食品、菓子の店頭では、試食、値決めに至るまでご意見をいただき、方向を決めるのです。

〝オープン前モニター会〟と名づけられたこの制度。お客様の関心は年とともに高まっています。

北海道空知地区に、りんご素材の和洋菓子で日本一をめざす〝和洋菓子の店ほんだ〟があります。２００６年６月に美唄市にある美唄店を移築することになりました。その際、上得意様を対象に、オープン前モニター会を開催することにしました。

既存店の名簿のお客様の中から上位30名のお客様を選び、モニター会の開催とモニターへの参加をお願いしました。

通常、オープン前モニター会の参加者の募集はチラシで行なっています。美唄店は、既存店を移築するケースだったため、ＤＭでの募集になりました。

６ヶ月間に３回、１回２時間程度集まっていただく形式です。このとき、60パーセントの方々がモニター会に参加してくれました。

事例から見ると、１人のモニターは、70〜80世帯への口コミをしてくれるようです。しかも和洋菓子の店ほんだ美唄店では、上得意様のモニター会です。出てくるご意見も、内容の濃いものばかりでした。そして1人のモニターの口コミ効果は120世帯以上に及んだ、と推計されています。口コミの一番のベースは何になるか？ここに興味があり、40例でその検証をしています。すると、口コミベースの一番は、〝経営者の経営に対する考え方、哲学〟ということでした。

「あの経営者は、すばらしい考え方をしている」

それが口コミの一番になることは、驚きでした。しかし今では、当然のことと思えます。自分の生活を託すに足る企業かどうか。それは、経営者の考え方に左右される。今まで何度もお伝えしていることです。消費者は、それを熟知しているのです。

モニター会の1回目では、経営トップに半時間ほど経営観を話していただきます。もちろん全3回、経営者、経営幹部はモニター会に参加します。

企業の働く姿勢。それをつくる経営者の考え方。たしかにお客様は進化したのだ、と教えられます。

「お客様の声への姿勢こそが、企業の品質を顕わす」

その本質をしっかりと見据えることが、大切な時代なのです。

epilogue

# お客様からの信用を資産として積み重ねよう

【亀田メディカルセンター】

企業にとって、最大配分しているコストを最大の付加価値にすることは、効率的経営の重要なテーマです。

多くの企業にとって、最大の配分コストは人件費です。つまり企業にとっては、最大の付加価値は人材であるべきなのです。

社会が高度化するにしたがって、一番の価値を人間と人間との精神的なつながりに置く社会へと急速に向かっています。情報自由度が高く、世界中の情報に瞬時にして出会うことができる今、情報そのものではなく、誰が発信した情報かが重視されているのです。

逆から見ると、自分の情報を誰が大切にしてくれるか？ そこに相手との精神的なつながりが生まれます。

1日3通運動。81年から、多くの企業に実践していただいています。お客様に1日3通ずつ、手紙やハガキを書こうという運動です。

店舗の中や営業場面だけの関係ではなく、いつでもお客様のことに思いを馳せる。その癖づけとして、実践していただく運動です。

メール全盛時代の今、手書きの手紙は、大きな付加価値を感じさせます。付加価値とは、〝ありがたさ〟のことです。手紙には、相手の名前、そして前回に会ったときのエピソードなどを書き入れます。

これは、機械やコンピュータではできません。

人間の、相手を思い、相手が喜ぶことをしたいという思いが可能にします。

1人100人運動。現場社員は、1人最低100人のお客様の顔と名前を覚えよう、という運動です。

誰でも、好きな相手から親しみを示されればうれしいものです。二度、三度と足を運んでいる店舗で、いつまで経っても、〝お客様〟と呼ばれたら少し落胆してしまうはずです。人間は誰でも、個として覚えてほしいのです。しかも、回を重ねて通う店舗は、少なくとも好意を持っている場です。

「佐藤様、いらっしゃいませ。いつもありがとうございます。先日は雨の中、本当にありがとうございます」

そういわれて、嫌な気分になるお客様はいません。覚えていてくれたか。その安堵感が、うれしさになります。

回を重ねるお客様との接点。それが、信頼という資産へと進化するか、ただの接点として消えてしまい、何の積み重ねにもならないか。

それはやはり、人間の意識によって決まります。現場に立つ社員は、最低でも100人のお客様の顔と名前は一致させられるようです。

お客様と自分との関係を、どの次元でとらえているか、その考え方が、態度として現われます。

1日3通運動、1人100人運動は、お客様づくりの基本といっていいでしょう。なぜならそれは、〝お客様との関係を信用として積み上げたい〟という思いの表現にほかならないからです。

〝お客様との接点を、信用という資産に転換し積み重ねよ〟

その、もっとも基本的な作業だと思います。

人件費を最大付加価値にする。人間こそが、最大の企業価値である。このことはすべての経営者、幹部が知っています。

まず、めざすべき真価を決めて、全社員で共有することからはじめましょう。

「そこにあいまいさがあってはいけません。定義が大切です。まず、何を一番大切にするのか、そのコアを明確に決めることです」

千葉県鴨川市にある亀田メディカルセンター。ここは、圧倒的なお客様満足度で知られています。医療収入270億円を超えるその超繁昌ぶりが、人気の高さを教えてくれます。

亀田院長は、コアを決める大切さをいつも語ってくれます。

コアを磨けば磨くほど、真価を非妥協で磨くほど、周辺のサービスも輝いてきます。周辺＝フリンジサービスは、コア＝真価を磨くことで輝いてくるのだ、とも教えてくれます。だからこそ、コアの定義を明確にし、全社員で創り上げる決意をするべきだ、といいます。

〝患者様を中心とした、安心できる組織的チーム医療〟

亀田院長は、その一点をコアの価値・真価と定めました。では、そのコアを貫くためには何が必要か？

〝ご家族やご友人が積極参加する、安らぎの環境づくり〟

それこそが、コアの実現であると定めました。そしてその実現に、手間もコストも投資していくのです。

安らぎの環境とは、患者を中心としたどんな環境だろうか？　もちろん、医師や看護師は医療の中心です。しかし、患者中心主義を貫くと新しい発想が生まれました。

家族や友人をサポーターとして位置づけ、積極的に患者の治療に参加していただく環境を実現することをコアに置くことにしたのです。

病室の平均面積は、差額ベッド料金が1万2600円（税込）の部屋で21㎡もあります。また、付き添う家族のために立派なソファベットがあります。付き添うサポーターの人たちが、惨めで眠れないような環境にはしたくなかったからです。

Ｋタワー病棟の病室はすべて個室です。なりたくない病気になって手術を受け、相部屋で過ごし、トイレもカーテンを閉めて用を足す。そんな惨めさを、なぜ病人が甘受しなければならないのか？

〝患者様を中心に〟と考えれば当然のこと、と亀田院長はいいます。

サポーターは、患者が指名します。そして、24時間病棟に入ることができるセキュリティカードが与えられます。これがあると、医師と同じ通用口から、24時間入ることができます。

セキュリティの投資には2億円以上が必要でした。しかし患者にとって、頼りにするサポーターの人たちに来てほしいのは深夜かもしれません。ですから、入館時間を制約するわけにはいかないのです。

病院内にはバーもあります。仕事を終えてからの夜間の付き添いはストレスも溜まります。一杯飲みたいこともあるでしょう。24時間のルームサービスまであります。サポーターの人たちが毎晩インスタント食品では、患者にとっても安心できる環境ではないからです。

また病院には、ペットと会えるペットラウンジもあります。サポーターがペットという人もいるでしょう。

自分たちで定めたコア、真価をとことん追求する。どんなに綺麗で、目の前に東京湾が広がる風景を持つ病院でも、真価の追求が中途半端に終われば意味を失ってしまいます。

亀田院長の意思は明確です。

亀田メディカルセンターは、電子カルテのシステムを世界で初めて開発・導入しました。患者は、自分の意志で自分のカルテを見ることができます。

情報を開示することは現場の緊張感につながり、自分たちの質を高める意識を生みます。これは、お客様の声を活かすことと同軸上にある発想です。

お客様に対する態度。それが、顧客の信頼を生むのです。

とことんコアを高める。決して妥協しない経営です。そして、常にお客様と情報を共有する姿勢は、現場での患者と医師、看護師との関係をも支えます。

「ホスピタリティには、サービスと違って主従の関係はありません。突き詰めたお客様第一主義はそんなホスピタリティを現場に生み出します」

イコール・パートナー・シップ。お客様と企業は、主従の関係ではなく、お互いを思いやるホスピタリティを共有する関係にもなり得るのです。

お互いが尊敬し合う、パートナーの関係をつくる。それは経営、そして現場社員にとってひとつの夢かもしれません。

そのためには、自分たちの医療技術を、世界一をめざして高めるという意識と実践が当然必要です。

「われわれにとっての頂点とは何か？　部署別の品質目標は何か？　それを決めて技術を極める志を必ず掲げます。それが、安心できる医療の絶対条件です」

真価、コアをあらゆる側面から妥協せずに徹底的に追求する。そこから拡がる地平は、すばらしい未来を見せてくれます。

どんなときでも、お客様の声、お客様の声にならない声を聞き届けようとする執念。

〝Always say yes !!〟

どんな難題に対してもNO、つまりゼロの対応はあり得ない。ゼロはいつまでもゼロのままです。

「何でもまずYES！　からはじめてみます。決して固定概念にとらわれずに、挑戦を続けることが、お客様とのすばらしいコミュニケーションを可能にしてくれます」

自分たちの価値は、自分が本当に理想と思える環境を追求することで高まります。

「アニマル・スピリットですよ。こうありたい！　という思いからやるんです」

アニマル・スピリット。自らを駆り立てる真価を発見する。それは、経営者、社員、企業にとって幸せなことかもしれません。

誇りある人生。それは、プロとしてお客様の期待を超え続ける日々から生み出されるのです。

社員の幸せのために、お客様に満足していただく環境を整える。それが、確実に企業を永続への道へと導きます。

「たとえ高くても、たとえ遠くても、あなたの会社を選択したい」

そう思い語ってくれる顧客を、1人でも多くつくりたい。そのために、

「お客様を幸せにするため真価に非妥協を貫きたい。利益にとらわれることはない。利益は必ずついてくるものなのだ」

常にそう語り合いたいものです。

お客様、社員、そして企業そのものの幸せのために。

佐藤芳直（さとう　よしなお）

1958年宮城県生まれ。早稲田大学商学部卒業。81年、株式会社日本マーケティングセンター（現・船井総合研究所）入社。20代から、トップコンサルタントとして第一線で活躍。圧倒的実績をあげ、船井総研2人目の上席コンサルタントとなる。2006年3月、同社常務取締役を退任。4月に、家業である会計事務所を統合し、財務戦略と経営コンサルティングを主業とした“株式会社S・Yワークス”を設立し代表取締役に就任。25年のコンサルティング実績は3000社にものぼる。
著書として、『船井幸雄のヒント　勝ち方の法則』、『船井幸雄のヒント　リーダーの法則』、『船井幸雄のヒント マーケティングの法則』（いずれも中経出版）『リーダーは夢を語れ！』（日本経済新聞）、『ずっと、あなたのお客様でいたい！』、『“100年企業”を創る経営者の条件』（大和出版）などがある。
㈱S・Yワークス HPアドレス http://www.syw.jp/
佐藤芳直のメルマガ「断然満足！ 顧客満足現場のツクリかた」配信中

お客がお客を連れてくる！
「顧客満足経営」の極意

平成18年7月7日　初版発行

著　者　佐藤芳直
発行者　中島治久
発行所　同文舘出版株式会社
東京都千代田区神田神保町1-41　〒101-0051
電話　営業：03（3294）1801　編集：03（3294）1803
振替　00100-8-42935　http://www.dobunkan.co.jp

 ISBN4-495-57181-8
印刷／製本：東洋経済印刷　Printed in Japan 2006